GUIDE

EN AFFAIRES,

ou

FORMULAIRE D'ACTES,

EN MATIÈRE CIVILE ET COMMERCIALE,

SUIVI

DU PÉTITIONNAIRE ;

PAR LAVENAS,

Auteur du Manuel pratique des Huissiers.

PARIS,

CHEZ MARTIAL ARDANT FRÈRES, ÉDITEURS,
rue Hautefeuille, 14.

LIMOGES,
A LA MÊME LIBRAIRIE.

NOUVEAU

GUIDE EN AFFAIRES.

Vous lui direz que je me porte bien,
entendez-vous ?

NOUVEAU

GUIDE EN AFFAIRES,

SUR ET COMPLET,

ou

FORMULAIRE D'ACTES

SOUS SEING-PRIVÉ,

EN MATIÈRE CIVILE ET COMMERCIALE.

PAR M. LAVENAS,

ANCIEN HUISSIER A ÉVREUX, AUTEUR DU NOUVEAU CODE
ET MANUEL PRATIQUE DES HUISSIERS.

PARIS,

CHEZ MARTIAL ARDANT FRÈRES, EDITEURS,

rue Hautefeuille, 14.

LIMOGES,

A LA MÊME LIBRAIRIE.

—

1846.

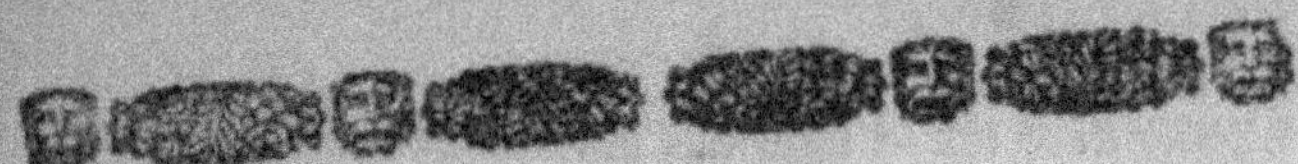

PREMIERE PARTIE.

—

CHAPITRE PREMIER.

—

DISPOSITIONS PRÉLIMINAIRES.

ONVENTION, contrat, obligation, ne sont pas des termes synonymes, quoique dans l'usage on les emploie les uns pour les autres.

Le mot convention est un terme général qui signifie toute espèce d'accord de deux ou plusieurs personnes, soit avec intention, soit sans intention de s'obliger.

Le contrat est une convention faite avec intention de s'obliger.

L'obligation est le bien qui résulte du contrat , et au moyen duquel nous sommes-astreints à l'exécuter.

Le contrat est unilatéral lorsqu'une ou plusieurs personnes sont obligées envers une ou plusieurs autres, sans que de la part de ces dernières il y ait *d'engagement* (art. 1103).

Il est bilatéral ou synallagmatique lorsque les contractans s'obligent réciproquement *les uns envers les autres* (art. 1102).

Si je m'oblige à rembourser dans trois mois une somme qui m'a été prêtée précédemment , ce contrat est unilatéral , car je suis seul engagé.

Dans le cas de vente , au contraire , le contrat est synallagmatique ; car si l'acheteur s'oblige à payer le prix de la chose , le vendeur prend l'obligation de la livrer.

L'article 1108 du Code civil met au nombre de quatre les conditions essentielles à un contrat ; l'oubli de l'une de ces conditions ayant pour effet de rendre nul le contrat , il faut bien les connaître.

Art. 1108 « Quatre conditions sont essentielles pour » la validité d'une convention : — Le consentement de » la partie qui s'oblige ; — sa capacité de contrac- » ter ; — un objet certain qui forme la matière de » l'engagement ; — une cause licite dans l'obligation. »

Ainsi l'absence de l'une de ces quatre conditions empêche que le contrat existe : nous allons les étudier en raison de leur importance.

SECTION PREMIÈRE.

Du consentement de celui qui s'oblige.

Il n'y a point de consentement valable , s'il n'a été

donné que par erreur, ou s'il a été surpris par des manœuvres frauduleuses, ou extorqué par la violence. En effet, on ne peut concevoir de consentement parfait que lorsque celui qui l'a donné a agi en connaissance de cause, ou qu'il a été libre dans son action.

Quant à l'erreur, elle n'est une cause de nullité que lorsqu'elle tombe sur la substance même de la chose qui en est l'objet. Si j'achète, par exemple, une montre de cuivre croyant acheter une montre d'or, ou du vin de Surène pour du vin de Laffitte, la vente est nulle. Il en serait autrement, néanmoins, si mon erreur ne venait que de mon peu de lumière ou de mon peu de réflexion.

L'erreur sur la personne n'annulle l'acte que lorsque la considération de cette personne a été la cause principale de la convention. Ainsi, il y a deux peintres du même nom, l'un célèbre, l'autre médiocre. Croyant traiter avec le premier, je m'engage envers le second à lui donner un prix considérable de mon portrait : une telle convention est nulle, et je ne suis tenu à payer l'ouvrage de l'artiste ignorant qu'à dire d'expert.

Il en serait de même si j'avais prêté une somme considérable à un homme peu solvable, croyant avoir affaire à un autre individu très-riche, du même nom et qui présente toutes les garanties désirables.

Les manœuvres frauduleuses pratiquées par une des parties sont une cause de nullité, quand il est évident que, sans ces manœuvres, l'autre partie n'aurait pas contracté. Un maquignon lime les dents à un vieux cheval, pour le vendre comme jeune. Il y a dol de sa part, et si vous avez acheté, vous pouvez faire annuller le marché.

La violence est une cause de nullité du contrat lorsqu'elle a été de nature à faire impression sur une personne raisonnable, et à lui inspirer la crainte d'un mal considérable et présent, soit dans sa personne ou dans sa fortune, soit dans la personne ou la fortune de son époux ou épouse, de ses père et mère, de ses enfans. Pour apprécier la violence, on a égard à l'âge, au sexe et à la condition des personnes. Telle menace qui ne doit pas toucher un homme doué de force et de raison peut entraîner une faible femme ou un pauvre vieillard. Telle considération qui ne peut arrêter le riche et le puissant, sera d'un grand poids pour celui que son indigence ou une position fâcheuse livre au caprice de ses semblables.

La contravention contractée par erreur, violence ou dol n'est point nulle *de plein droit.* Il faut la faire prononcer par les tribunaux.

Il y a cependant des nullités radicales qui n'ont pas besoin du concours de la justice, telles que celles du mariage contracté par le mort civilement.

SECTION II.

De la capacité des parties qui contractent.

Toute personne peut contracter si elle n'en est pas *déclarée incapable par la loi.*

Les incapables sont :

Les mineurs ;

Les femmes mariées ;

Les interdits ;

Les personnes pourvues d'un conseil par jugement ;

Les personnes frappées de mort civile ;

Les condamnés par contumace.

De l'incapacité des mineurs.

D'après l'article 388 du Code civil, le mineur est l'individu, de l'un et de l'autre sexe, qui n'a point encore l'âge de vingt-un ans accomplis. Avant cette époque de la vie, on ne peut faire d'emprunt, vendre ni aliéner ses biens, les hypothéquer, donner main-levée d'inscriptions hypothécaires, procéder à un partage ou à une transaction.

Pour les autres actes, ceux de pure administration, ou relatifs au commerce, il importe de distinguer les deux époques de minorité : avant et après l'émancipation.

Le mineur est émancipé de plein droit par le mariage.

Le mineur non marié peut être émancipé par son père, ou, à défaut de père, par sa mère, lorsqu'il a atteint l'âge de *quinze ans révolus*. Cette émancipation s'opère par la seule déclaration du père ou de la mère, reçue par le juge de paix, assisté de son greffier.

Le mineur resté sans père ni mère peut aussi être émancipé, mais seulement à l'âge de *dix-huit ans accomplis*, si le conseil de famille l'en juge capable. Mais, pour s'assurer de la vérité, les personnes qui contracteront avec les mineurs se disant émancipés de la sorte, devront se faire présenter le procès-verbal de la délibération, signé par le juge de paix. (Art. 476, 477, 478 Cod. civ.)

Le mineur non émancipé ne peut faire aucune espèce d'acte, même de simple administration. Ceux qui lui auraient payé une somme due seraient exposés à la payer une seconde fois. L'administration des biens du mineur appartient au tuteur.

Le mineur *âgé de seize ans* peut disposer par testament de la moitié des biens dont la loi donne la disposition aux majeurs. Cette exception à l'incapacité du mineur est contenue dans l'art. 904.

Le mineur émancipé peut faire tous les actes de pure administration et passer des baux qui n'excéderont pas neuf ans.

Le mineur émancipé peut se livrer aux commerce, et dans ce cas il est réputé majeur pour les faits relatifs à ce commerce. Ainsi il peut emprunter, hypothéquer ses immeubles. (Art. 6 du Code de C.)

Mais il faut qu'il soit dans les trois conditions suivantes :

1° Être âgé de dix-huit ans accomplis ;

2° Avoir été préalablement autorisé par son père, ou par sa mère, en cas de décès, interdiction ou absence du père, ou, à défaut du père et de la mère, par une délibération du conseil de famille, homologuée par le tribunal civil ;

3° Avoir fait enregistrer et afficher l'acte d'autorisation au tribunal de commerce du lieu où il veut établir son domicile.

Pour tous les actes, autres que ceux que nous venons de spécifier, le mineur émancipé doit être assisté de son curateur.

L'administration du tuteur est soumise à certaines règles.

Les baux qu'il a passés pour un temps qui excède neuf années ne sont, après la cessation de la tutelle obligatoires pour le pupille ou ses héritiers, que pour le temps qui reste à courir, soit de la première période de neuf ans, si les parties s'y trouvent encore, soit de la seconde, de manière que le fermier ou locataire n'ait que le droit d'achever la jouissance de la période de neuf ans où il se trouve.

Les baux, quelle que soit leur durée, que le tuteur a passés ou renouvelés plus de trois ans avant l'expiration du bail courant, s'il s'agit de biens ruraux, et plus de deux ans avant la même époque, s'il s'agit de maisons, sont sans effet, à moins que leur exécution n'ait commencé avant la cessation de la tutelle.

Il y a besoin de l'autorisation du conseil de famille, pour :

Poursuivre l'expropriation forcée d'un immeuble;

Provoquer au partage, n'y eût-il que des biens meubles à partager;

Faire des réparations aux biens du pupille, dont le coût dépasserait les revenus de ce dernier;

Acquérir;

Prêter l'excédant de ses revenus à des intérêts inférieurs à l'intérêt légal;

Emprunter;

Hypothéquer les biens immeubles;

Accepter une donation faite au mineur;

Accepter ni répudier une succession (l'acceptation ne peut avoir lieu que sous bénéfice d'inventaire);

Transiger sur procès;

Vendre un immeuble;

Le tuteur ne peut en aucun cas acquérir les biens du mineur;

De l'incapacité de la femme mariée.

Quel que soit le régime sous lequel la femme est mariée, elle ne peut, sans le concours de son mari, aliéner, hypothéquer, acquérir à titre gratuit ou onéreux, ester en jugement, être marchande publique.

Une fois l'autorisation donnée à la femme pour être marchande, elle peut s'engager pour fait de son commerce.

L'autorisation des tribunaux devra être invoquée comme suppléant celle du mari, dans les cas suivans :

Si le mari est mineur ou interdit ;

S'il est absent ;

S'il refuse d'autoriser sa femme. Dans ce cas le mari sera appelé devant le tribunal en chambre du conseil.

L'autorisation de justice sera nécessaire aussi dans le cas où la femme voudrait s'engager ou engager les biens de la communauté pour tirer son mari de prison, ou pour l'établissement de ses enfans pendant l'absence de son mari.

L'autorisation sera également nécessaire pour que la femme majeure puisse paraître en jugement, lorsque le mari est frappé d'une condamnation emportant peine afflictive ou infamante.

Néanmoins la femme séparée de biens peut s'obliger sans autorisation de mari, jusqu'à concurrence de ses revenus. Elle peut aliéner seule son mobilier (article 1449).

De l'incapacité des interdits et des personnes pourvues d'un conseil judiciaire.

L'interdit est ramené à la même incapacité que le mineur non émancipé. Ses biens sont administrés par un tuteur qui se conduit d'après les règles expliquées pour le mineur.

À côté de l'interdiction est le cas du conseil judiciaire.

Si la demande en interdiction n'a pas paru suffisamment légitimée aux yeux du tribunal, il peut être nommé à la personne dont l'interdiction était demandée un conseil sans l'assistance duquel elle ne peut à l'avenir plaider, transiger, recevoir, emprunter, donner quittance, aliéner ni grever ses biens d'hypothèques.

Le conseil judiciaire est d'ordinaire donné aux prodigues, aux vieillards dont les facultés se trouvent affaiblies, et à toutes personnes qui peuvent courir le risque de se livrer ou d'être entraînées à des erreurs de conduite préjudiciables à leur fortune. Le conseil judiciaire n'a pas mandat d'agir pour la personne à laquelle il est attaché par jugement, mais seulement de l'assister dans ses actes de gestion.

De l'incapacité des personnes frappées de mort civile et de celle des condamnés par contumace.

La mort civile a lieu par suite d'une condamnation à mort et aux travaux forcés à perpétuité.

La mort civile est encourue du jour de l'exécution du jugement, dans le cas où il a été contradictoire, c'est-à-dire rendu en présence de l'accusé.

Elle n'a lieu dans le cas de contumace qu'après l'expiration des délais accordés au contumace pour se représenter. Ce délai est de cinq ans.

De là, deux espèces d'incapacités pour les contumaces :

Celle qui résulte de la privation de *l'exercice* de leurs droits civils, avant les cinq ans ; et l'incapacité résultant de la perte absolue de ces droits mêmes.

Par la dernière, il perd la propriété de tous les biens qu'il possédait au moment où il a encouru la mort civile ; sa succession est ouverte au profit de ses héritiers.

Il ne peut ni recueillir par succession, ni transmettre à titre gratuit ce qu'il a acquis depuis; il ne peut ni disposer, ni recevoir par donation ou par testament, si ce n'est pour cause d'alimens.

Il ne peut être témoin dans un acte solennel ou authentique, il ne peut procéder en justice que par le ministère d'un curateur spécial.

Il est incapable de contracter aucun mariage qui produise aucun effet civil. S'il est marié, son mariage est dissous quand à tous ces effets civils. Son épouse et ses héritiers peuvent exercer respectivement les droits et les actions auxquels sa mort naturelle donnerait ouverture.

La seconde espèce d'incapacité des condamnés à mort est celle qui consiste dans la simple privation de l'exercice des droits civils pendant les cinq années qui suivent l'exécution par effigie du contumace. Pendant ces cinq années, ses biens sont régis et ses droits exercés comme ceux des absens, jusqu'à ce qu'il se présente ou soit arrêté durant ce délai.

Ainsi le contumace est représenté, dans les inventaires, comptes, partages et liquidations, par un notaire que commet le tribunal de première instance. Le ministère public est chargé de veiller à ses intérêts, et doit être entendu sur toutes les demandes qui le concernent; si ses biens exigent une gestion, il est pourvu par la nomination d'un curateur.

Si le condamné par contumace se représente ou est pris avant les cinq années, le jugement est anéanti de plein droit; le condamné recueille toutes les successions et les legs ouverts à son profit pendant son absence, et jusqu'à l'exécution du jugement, quand même il emporterait encore mort civile.

Si le condamné par contumace décède dans les cinq ans, il meurt dans l'intégrité de ces droits.

La mort civile n'empêche pas le condamné d'acquérir, ni de vendre, échanger ou administrer ce qu'il a acquis à titre onéreux, depuis la mort civile ; le droit d'acquérir résulte implicitement des articles 25 et 35, puisque ces articles supposent que le condamné a pu acquérir des biens depuis la mort civile.

Les condamnés à la peine des travaux forcés à temps, ou de la réclusion, sont, pendant la durée de leur peine, en état d'interdiction légale, un curateur gère et administre leurs biens.

Pendant la durée de la peine il ne peut leur être remis aucune somme, aucune provision, aucune portion de leurs revenus.

Après l'expiration de la peine, ils ne peuvent jamais être ni jurés, ni experts, ni témoins dans les actes, ni déposer en justice, autrement que pour y donner de simples renseignemens, et sans prêter serment.

SECTION III.

De l'objet et de la matière des contrats.

Tout contrat a pour objet une *chose* qu'une partie s'oblige à donner, ou qu'une partie s'oblige à faire ou à ne pas faire.

Il n'y a que les choses qui sont dans le commerce qui puissent être l'objet des contrats, dit l'art. 1128 du Code civil. Par le mot *chose*, il ne faut pas entendre seulement les biens corporels, c'est-à-dire ceux qui, ayant un corps peuvent être aperçus par les sens, comme une somme en espèces métalliques, une terre, une maison, un troupeau de moutons, etc., mais encore

les biens incorporels qui ne peuvent être aperçus que
par l'entendement, comme les créances, l'usufruit, un
droit de servitude, de privilége, d'hypothèque, de
gage, etc.

Les choses qui sont dans le commerce, sont tous les
biens et droits appartenant aux particuliers, et dont
ceux-ci ont la libre disposition.

Dès lors sont hors du commerce :

Les choses qui appartiennent au dommaine public;
elles ne peuvent pas même être aliénées par le gouvernement, si ce n'est en certains cas et sous certaines
conditions, ou en vertu d'une loi spéciale.

Les chemins, routes et rues à la charge de l'état, les
fleuves et les rivières navigables ou flottables, les riva-
ges, lais et relais de la mer, les ports, les hâvres, les
rades, et généralement toutes les portions du territoire
français qui ne sont pas susceptibles d'une propriété
privée, sont considérés comme des dépendances du domaine public.

Les ports, murs, fossés, remparts des places de
guerre et des forteresses, font aussi partie du domaine
public.

Il en est de même des terrains, des fortifications et
remparts des places qui ne sont plus places de guerre;
ils appartiennent à l'état, s'ils n'ont été valablement
aliénés, ou si la propriété n'en a pas été prescrite contre
lui. Les biens appartenant à des communes sont également hors du commerce, en ce sens qu'il ne peuvent
être aliénés qu'en vertu d'un décret spécial.

Le Code civil, dans son article 1129, impose une
seconde condition à l'objet qui doit former la matière
du contrat. *Il faut*, dit-il, *que l'obligation ait pour*

objet une chose au moins déterminée quant à son espèce.

Ainsi l'acte par lequel je m'obligerais à vendre quelque chose, sans déterminer quelle est cette chose, serait nul. En effet je pourrais ensuite offrir une chose de si peu de valeur, qu'elle serait sans intérêt pour celui envers qui je me serais lié.

Mais l'article précité ajoute : *La quotité de la chose peut être incertaine.* Ainsi je puis vendre, en général, un bœuf, un mouton, une pièce de vin, sans désigner dans mon étable le bœuf ou le mouton que je livrerai, sans spécifier la qualité du vin. En ce cas, les principes de jurisprudence établissent que, pour être libéré, je ne suis pas tenu de donner la chose de la meilleure espèce; mais aussi que je ne puis la donner de la plus mauvaise.

Les choses futures ou qui n'existent point encore peuvent être l'objet d'une obligation. On peut vendre valablement le blé, le vin, les huiles de la récolte prochaine, les veaux d'une vache qui n'a point encore mis bas.

La loi a mis cependant une exception à cette règle, puisée dans le respect dû aux bonnes mœurs. Elle ne permet pas de vendre une succession future, ou d'y renoncer, ou de faire une stipulation sur une pareille succession, même avec le consentement de la personne qui doit laisser la succession (art. 1130).

La loi prononçant une incapacité pour les mineurs, les interdits et les femmes mariées, à l'égard de leurs biens meubles et immeubles, il faut en bien connaître la nature et la désignation.

Des biens meubles, d'après les articles 531 et 532.

Les biens meubles, en général, sont ceux qui peuvent être transportés d'un lieu dans un autre. Cependant il y a des choses qui ne sont meubles que par la détermination de la loi, et à qui, par conséquent, ne peut s'appliquer cette définition.

Sont meubles :

Les bateaux, bacs, navires, moulins et bains sur bateaux, et généralement toutes usines non fixées par des piliers, et ne faisant point partie de la maison. La saisie de quelques-uns de ces objets est cependant soumise, à raison de leur importance, à des formes particulières.

Les matériaux provenant de la démolition d'un édifice, ceux assemblés pour en construire un nouveau, sont meubles jusqu'à ce qu'ils soient employés par l'ouvrier dans une construction.

Sont meubles, par la détermination de la loi, dit l'article 529 du Code civil, les obligations et actions qui ont pour objet des sommes exigibles ou des effets mobiliers, les actions ou intérêts dans les compagnies de finance, de commerce ou industrie, encore que des immeubles dépendans de ces entreprises appartiennent aux compagnies. Ces actions ou intérêts sont réputés meubles à l'égard de chaque associé seulement, tant que dure la société.

Sont aussi meubles, par la détermination de la loi, ajoute le même article, les rentes perpétuelles ou viagères, soit sur l'état, soit sur des particuliers.

On ne donne pas, en droit, la même acception aux mots *meuble*, *biens meubles*, *mobilier*, *effets mobiliers*.

Le mot *meuble*, employé seul dans les dispositions de la loi ou de l'homme, sans autre addition ni désignation, ne comprend pas l'argent comptant, les pierreries, les dettes actives, les livres, les médailles, les instrumens de sciences, d'arts et métiers, le linge de corps, les chevaux, équipages, armes, grains, vins, foins et autres denrées; il ne comprend pas aussi ce qui fait l'objet d'un commerce.

Les mots *meubles meublans* ne comprennent que les meubles destinés à l'usage et à l'ornement des appartemens : comme tapisseries, lits, siéges, glaces, pendules, tables, porcelaines et autres objets de cette nature.

Les tableaux et les statues qui font partie d'un appartement y sont aussi compris, mais non les collections de tableaux qui peuvent être dans les galeries ou pièces particulières.

Il en est de même des porcelaines : celles seulement qui font partie de la décoration d'un appartement sont comprises sous la dénomination de *meubles meublans*.

L'expression *biens meubles*, celle de *mobilier* ou d'*effets mobiliers*, comprennent généralement tout ce qui est censé meuble, d'après les règles ci-dessus établies, (Art. 535 du C. civ.)

La vente ou le don d'une maison meublée ne comprend que la maison avec ses meubles meublans. (Même article.)

La vente ou le don d'une maison, avec tout ce qui s'y trouve, ne comprend pas l'argent comptant, ni les dettes actives et autres droits dont les titres peuvent être déposés dans la maison, tous les autres effets mobiliers y sont compris.

Des biens immeubles.

Les immeubles par leur nature, sont ceux qui ne peuvent être mus ni transportés d'un lieu dans un autre; mais ils peuvent l'être encore par leur destination, par l'objet auquel ils s'appliquent, ou par la détermination de la loi.

Les fonds de terre et les bâtimens sont immeubles par leur nature.

Les moulins à vent ou à eaux, fixes sur piliers, et faisant partie du bâtiment, sont aussi immeubles par leur nature; les moulins à eau bâtis sur pilotis sont immeubles, parce qu'ils sont adhérens au sol : quant à ceux qui sont assis sur bateaux ils en suivent la nature, et sont meubles comme eux.

Les récoltes pendantes par les racines, c'est-à-dire non coupées, et les fruits des arbres non encore recueillis sont immeubles.

Les animaux que le propriétaire du fonds livre au fermier ou au métayer pour la culture, estimés ou non, sont censés immeubles tant qu'ils demeurent attachés au fonds par l'effet de la convention.

Les tuyaux servant à la conduite des eaux dans une maison sont immeubles, et font partie du fonds auquel ils sont attachés.

Les objets que le propriétaire d'un fonds y a placés pour le service et l'exploitation de ce fonds, sont immeubles par destination.

Ainsi, sont immeubles par destination, quand ils ont été placés pour le service et l'exploitation du fonds ;

Les animaux attachés à la culture

Les ustensiles aratoires ;

Les semences données aux fermiers ou colons partiaires ;

Les pigeons de colombiers ;

Les lapins de garennes ;

Les ruches à miel ;

Les poissons des étangs ;

Les pressoirs , chaudières , alambics , cuves et tonnes ;

Les ustensiles nécessaires à l'exploitation des forges , papeteries et autres usines ;

Les pailles et engrais.

Tous les effets mobiliers que le propriétaire a attachés au fonds à perpétuelle demeure , sont immeubles par destination.

Le propriétaire est censé avoir attaché à son fonds des effets mobiliers à perpétuelle demeure , quand ils y sont scellés en plâtre , ou à chaux , ou à ciment , ou lorsqu'ils ne peuvent être détachés sans être fracturés et détériorés , ou sans briser et détériorer la partie du fonds à laquelle ils sont attachés.

Les glaces d'un appartement sont censées mises à perpétuelle demeure , lorsque le parquet sur lequel elles sont attachées fait corps avec la boiserie.

Il en est de même des tableaux et autres ornemens.

Quant aux statues, elles sont immeubles lorsqu'elles sont placées dans une niche pratiquée exprès pour les recevoir , encore qu'elles puissent être enlevées sans fractures ou détérioration.

SECTION IV.

De la cause dans les obligations.

L'obligation sans cause , ou sur une fausse cause , ou sur une cause illicite , ne peut avoir aucun effet.

Il n'est pas nécessaire cependant pour la validité de la convention , que la cause soit exprimée.

L'obligation est sans cause , lorsque le contractant n'a eu en vue ni d'acquérir quelque chose ou quelque droit , ni de se libérer de quelque dette, ni d'exercer un acte de libéralité ou de bienfaisance ; alors, en effet, c'est une action sans motif , sans but et sans objet ; ce ne peut être que le fait d'un insensé.

Une cause est fausse, lorsque celle qu'on suppose n'existe pas : si je souscris, par exemple , un engagement pour me libérer d'une dette qui n'existe pas ou que j'ai déjà acquittée.

La cause est illicite , quand elle est prohibée par la loi, quand elle est contraire aux bonnes mœurs ou à l'ordre public.

CHAPITRE II.

DES ACTES SOUS SEING-PRIVÉ.

L'acte sous seing-privé est le contrat qui est fait sans l'intervention d'un officier public. C'est en quoi il diffère de l'acte authentique. L'acte sous seing-privé a la même force et la même foi entre ceux qui l'ont souscrit et entre leurs héritiers et ayant cause. (Art. 1322).

Il est inutile d'énumérer tous les actes que l'on peut faire sous seing-privé ; il sera plus court de dire qu'il en est quatre sortes seulement qui doivent être passées devant notaires , à peine de nullité :

Les donations entre-vifs,

Les testamens mystiques ou publics,

Les contrats de mariage,

Le consentement d'hypothèques.

Tous les autres actes, tant civils que commerciaux, peuvent être passés sous seing-privé.

D'après l'article 1328 du Code civil, les actes privés n'ont date certaine que du jour où ils ont été enregistrés, ou du jour où ils ont été reconnus en justice.

Il importe donc de les soumettre à la formalité de l'enregistrement toutes les fois qu'on aura des doutes sur la probité ou la solvabilité de la partie avec qui l'on contractera.

D'après la loi du 13 brumaire an 7, tous les actes sous signature privée doivent être écrits sur papier timbré : ceux pour lesquels cette formalité a été négligée ne peuvent être produits en justice pour recevoir leur exécution.

Conditions constitutives sous seing-privé.

Les conditions constitutives de l'acte sous seing-privé sont établies dans les articles suivans du Code civil.

Les actes sous seing-privé qui contiennent des conventions synallagmatiques ne sont valables qu'autant qu'ils ont été faits en autant d'originaux qu'il y a de parties ayant un intérêt distinct.

Il suffit d'un original pour toutes les personnes ayant le même intérêt.

Chaque original doit contenir la mention du nombre des originaux qui ont été faits.

Néanmoins le défaut de mention que les originaux ont été faits doubles, triples, etc., ne peut être opposé par celui qui a exécuté de sa part la convention portée dans l'acte (art. 1325).

Le billet ou la promesse sous seing-privé par lequel une seule partie s'engage envers l'autre à lui payer une somme d'argent ou une chose appréciable, doit être écrit en entier de la main de celui qui le souscrit, ou du moins il faut qu'outre sa signature il ait écrit de sa main un *bon* ou un *approuvé* portant en toutes lettres la somme ou la quantité de la chose, excepté dans le cas où l'acte émane de marchands, artisans, laboureurs, vignerons, gens de journée et de service (art. 1326).

Lorsque la somme exprimée au corps de l'acte est différente de celle exprimée au *bon*, l'obligation est présumée n'être que de la somme moindre, lors même que l'acte, ainsi que le *bon*, sont écrits en entier de la main de celui qui s'est obligé, à moins qu'il ne soit prouvé de quel côté est l'erreur (art. 1327).

L'article 1328, établissant que les actes sous seing-privé n'ont de date *contre les tiers* que du jour où ils sont *enregistrés*, il importe de faire connaître la législation de l'enregistrement et du timbre.

LÉGISLATION DE L'ENREGISTREMENT ET DU TIMBRE.

—

Extrait *de la loi sur le Timbre*.

Du 13 brumaire an VII (3 nov. 1798.)

Art. 1er. La contribution du timbre est établie sur tous les papiers destinés aux actes civils et judiciaires , et aux écritures qui peuvent être produites en justice et y faire foi.

Art. 2. Cette contribution est de deux sortes :

La première est le droit de timbre imposé et tarifé en raison de la dimension du papier dont il est fait usage ;

La seconde est le droit de timbre créé pour les effets négociables ou de commerce , et graduée en raison des sommes à y exprimer , sans égard à la dimension du papier.

Art. 12. Sont assujettis au droit du timbre établi , en raison de la dimension, tous les papiers à employer pour les actes et écritures soit publics, soit privés ; savoir :

... Les pétitions et mémoires , même en forme de lettres , présentés aux autorités , administrations et établissemens publics.

Les actes entre particuliers sous signature privée , et le double des comptes de recette ou de gestion particulière , et généralement tous actes et écritures , extraits , copies , expéditions , soit publics , soit privés , devant ou pouvant faire titre , ou être produits

2

pour obligation, décharge, justification, demande ou défense ;

2° Ceux des compagnies et sociétés d'actionnaires ;

Ceux des établissemens particuliers et des maisons particulières d'éducation.

Ceux des agens d'affaires, directeurs, régisseurs, syndics de créanciers et entrepreneurs de travaux et fournitures ;

Ceux des banquiers, négocians, armateurs, marchands, fabricans, commissionnaires, agens de change, courtiers, ouvriers et artisans ;

Ceux des aubergistes, maîtres d'hôtels garnis et logeurs, sur lesquels ils doivent inscrire les noms des personnes qu'ils logent, et généralement tous les livres, registres et minutes de lettres qui sont de nature à être produits en justice et dans le cas d'y faire foi, ainsi que les extraits, copies et expéditions qui sont délivrés desdits livres et registres.

13. Tout acte fait et passé en pays étranger, ou dans les îles et colonies françaises où le timbre n'aurait pas encore été établi, sera soumis au timbre avant qu'il puisse en être fait aucun usage en France, soit dans un acte public, soit dans une déclaration quelconque, soit devant une autorité judiciaire ou administrative.

14. Sont assujettis au droit de timbre, en raison des sommes et valeurs, les billets à ordre ou au porteur, les inscriptions, mandats, mandemens, ordonnances, et tous autres effets négociables ou de commerce, même les lettres de change tirées par seconde, troisième et *duplicata*, et ceux faits en France et payables chez l'étranger.

15. Les effets négociables venant de l'étranger, ou des îles et colonies françaises où le timbre n'aurait pas encore été établi, seront, avant qu'ils puissent être négociés, acceptés ou acquittés en France, soumis au timbre ou au *visa pour timbre*, et le droit sera payé d'après la quotité fixée par l'art. 8 de la présente.

21. L'empreinte du timbre ne pourra être couverte d'écritures ni altérée.

22. Le papier timbré qui aura été employé à un acte quelconque ne pourra plus servir pour un autre acte, quand même le premier n'aurait pas été achevé.

23. Il ne pourra être fait ni expédié deux actes à la suite l'un de l'autre sur la même feuille de papier timbré, nonobstant tout usage ou règlement contraire.

Sont exceptés les ratifications des actes passés en l'absence des parties, les quittances de prix de ventes et celles de remboursement de contrats de constitution ou obligation, les inventaires, procès-verbaux et autres actes qui ne peuvent être consommés dans un même jour et dans la même vacation, les procès-verbaux de reconnaissance et levée de scellés qu'on pourra faire à la suite du procès-verbal d'apposition, et les significations des huissiers, qui peuvent également être écrites à la suite des jugemens et autres pièces dont il est délivré copie.

Il pourra aussi être donné plusieurs quittances sur une même feuille de papier timbré, pour à compte d'une seule et même créance ou d'un seul terme de fermage ou loyer.

Toutes autres quittances qui seront données sur une même feuille de papier timbré n'auront pas plus d'effet que si elles étaient sur papier non timbré.

30. Les écritures privées qui auraient été faites sur papier non timbré, sans contravention aux lois du timbre, quoique non comprises nommément dans les exceptions, ne pourront être produites en justice sans avoir été soumises au timbre extraordinaire ou au *visa pour timbre*, à peine d'une amende de trente francs, outre le droit de timbre.

ExTRAIT *de la loi sur l'enregistrement, du* 22 *frimaire an* 7 (12 *décembre* 1798).

Art. 1ᵉʳ. Les droits d'enregistrement seront perçus d'après les bases et suivant les règles déterminées par la présente.

2. Les droits d'enregistrement sont *fixes* ou *proportionnels*, suivant la nature des actes et mutations qui y sont assujettis.

3. Le droit fixe s'applique aux actes soit civils, soit judiciaires ou extrajudiciaires, qui ne contiennent ni obligation, ni libération, ni condamnation, collocation ou liquidation de sommes et valeurs, ni transmission de propriété, d'usufruitier ou de jouissance de biens meubles ou immeubles.

Il est perçu aux taux réglés par l'article 68 de la présente.

4. Le droit proportionnel est établi pour les obligations, libérations, condamnations, collocations ou liquidations des sommes et valeurs, et pour toute transmission de propriété, d'usufruit ou de jouissance de biens meubles et immeubles, soit entrevifs, soit par décès.

Ses quotités sont fixées par l'article 69 ci-après.

Il est assis sur les valeurs.

22. Les actes qui, à l'avenir, seront faits sous signature privée, et qui porteront transmission de propriété ou d'usufruit de biens immeubles, et les baux à ferme ou à loyer, sous-baux, cessions et subrogations de baux, et les engagemens, aussi sous signature privée, de biens de même nature, seront enregistrés dans les trois mois de leur date.

Pour ceux des actes de ces espèces qui seront passés en pays étranger, ou dans les îles ou colonies françaises où l'enregistrement n'aurait pas encore été établi, le délai sera de six mois, s'ils sont faits en Europe ; d'une année, si c'est en Amérique, et de deux années, si c'est en Asie ou en Afrique.

26. Les notaires ne pourront faire enregistrer leurs actes qu'aux bureaux dans l'arrondissement desquels ils résident.

Les actes sous signature privée, et ceux passés en pays étranger, pourront être enregistrés dans tous les bureaux indistinctement.

29. Les droits des actes à enregistrer seront acquittés, savoir :

Par les parties, *pour les actes sous signature privée et ceux passés en pays étranger, qu'elles auront à faire enregistrer ; pour les ordonnances sur requêtes ou mémoires, et les certificats qui leur sont immédiatement délivrés par les juges et pour les actes et décisions qu'elles obtiennent des arbitres, si ceux-ci ne les ont pas fait enregistrer ;*

Et par les héritiers, légataires et donataires, leurs tuteurs et curateurs, et les exécuteurs testamentaires, *pour les testamens et autres actes de libéralité à cause de mort.*

38. Les actes sous signature privée ; et ceux passés en pays étranger , dénommés dans l'art. 22, qui n'auront pas été enregistrés dans les délais déterminés , seront soumis au double droit d'enregistrement.

Il en sera de même pour les testamens non enregistrés dans le délai.

62. La date des actes sous signature privée ne pourra cependant être opposée à la république pour prescription des droits et des peines encourues , à moins que ces actes n'aient acquis une date certaine par le décès de l'une des parties , ou autrement.

Droits fixes.

68. Les actes compris sous cet article seront enregistrés , et les droits payés ainsi qu'il suit ; savoir :

§ Ier. *Actes sujets à un droit fixe d'un franc.*

4° Les acquiescemens purs et simples , quand ils ne sont point faits en justice.

10° Les attestations pures et simples.

12° Les autorisations pures et simples.

13° Les bilans.

14° Les brevets d'apprentissage qui ne contiennent ni obligation des sommes et valeurs mobilières , ni quittance.

15° Les cautionnemens de personnes à représenter en justice.

16° Les certifications de cautions et de cautionnemens.

17° Les certificats purs et simples , ceux de vie par chaque individu , et ceux de résidence.

19° Les compromis qui ne contiennent aucune obligation de sommes et valeurs donnant lieu au droit proportionnel.

20° Les connaissemens ou reconnaissances de chargemens par mer, et les lettres de voiture.

Il est dû un droit par chaque personne à qui les envois sont faits.

21° Les consentemens purs et simples.

22° Les décharges également pures et simples, et les récépissés de pièces.

23° Les déclarations, aussi pures et simples, en matière civile.

29° Les devis d'ouvrages et entreprises qui ne contiennent aucune obligation de somme et valeur, ni quittance.

31° Les lettres missives qui ne contiennent ni obligation, ni quittance, ni aucune autre convention donnant lieu au droit proportionnel.

36° Les procurations et pouvoirs pour agir ne contenant aucune stipulation ni clause donnant lieu au droit proportionnel.

39° Les reconnaissances aussi pures et simples ne contenant aucune obligation ni quittance.

45° Les transactions, en quelque matière que ce soit, qui ne contiennent aucune stipulation de somme et valeur, ni dispositions soumises par la présente à un plus fort droit d'enregistrement.

§ III. *Actes sujets à un droit fixe de trois francs.*

4° Les actes de société qui ne portent ni obligation ni libération, ni transmission de biens meubles ou immeubles entre les associés ou autres personnes.

Et les actes de dissolution de société qui sont dans le même cas.

5° Les testamens et tous autres actes de libéralité qui ne contiennent que des dispositions soumises à l'avénement du décès, et les dispositions de même nature qui sont faites par contrat de mariage entre les futurs ou par d'autres personnes.

Le droit pour ces dispositions par acte de mariage sera perçu indépendamment de celui du contrat.

§ IV. *Actes sujets à un droit fixe de cinq francs.*

1° Les abandonnemens de biens, soit volontaires, soit forcés, pour être vendus en direction.

DROITS PROPORTIONNELS.

69. Les actes et mutations compris sous cet article seront enregistrés, et les droits payés suivant les quotités ci-après ; savoir :

§ Ier. *Vingt-cinq centimes par cent francs.*

1° Les baux de pâturages et nourriture d'animaux.

Le droit sera perçu sur le prix cumulé des années du bail ; savoir : à raison de vingt-cinq centimes par cent francs sur les deux premières années et du demi-droit sur les années suivantes.

2° Les baux à cheptel et reconnaissance de bestiaux.

Le prix sera perçu sur le prix exprimé dans l'acte, ou à défaut, d'après l'évaluation qui sera faite du bétail.

§ II. *Cinquante centimes par cent francs.*

1° Les abandonnemens faits d'assurance ou grosse aventure.

Le droit est perçu sur la valeur des objets abandonnés.

En temps de guerre, il n'est dû qu'un demi-droit.

2° Les actes et contrats d'assurance.

Le droit est dû sur la valeur de la prime.

En temps de guerre, il n'y a lieu qu'au demi-droit.

3° Les adjudications au rabais et marchés pour constructions, réparations, entretien, approvisionnemens et fournitures, dont le prix doit être payé par le trésor national, ou par les administrations centrales et municipales, ou par des établissemens publics

Le droit est dû sur la totalité du prix.

Et celles au rabais de la levée des contributions directes.

Le droit est assis sur la somme à laquelle s'élève la remise du percepteur, d'après le montant du rôle.

4° Les atermoiemens entre débiteurs et créanciers.

Le droit est perçu sur les sommes que le débiteur s'oblige de payer.

5° Les baux ou conventions pour nourriture de personnes, lorsque les années sont limitées.

Le droit est dû sur le prix cumulé des années du bail ou de la convention ; mais si la durée est illimitée, l'acte sera assujetti au droit réglé par le § 5, nombre 2, ci-après.

S'il s'agit de baux de nourriture de mineurs, il ne sera perçu qu'un demi-droit, ou vingt-cinq centimes par cent francs, sur le montant des années réunies.

6° Les billets à ordre, les cessations d'actions et coupons d'actions mobilières des compagnies et sociétés d'actionnaires, et tous autres effets négociables de particuliers ou de compagnies, à l'exception des lettres de change tirées de place en place.

2.

Les effets négociables de cette nature pourront n'être présentés à l'enregistrement qu'avec les protêts qui en auront été faits.

7° Les brevets d'apprentissage, lorsqu'ils contiendront stipulation de sommes ou valeurs mobilières, payées ou non.

8° Les cautionnemens de sommes et objets mobiliers, les garanties mobilières et indemnités de même nature.

Le droit sera perçu indépendamment de celui de la disposition que le cautionnement, la garantie ou l'indemnité aura pour objet, mais sans pouvoir l'excéder.

Il ne sera perçu qu'un demi-droit pour les cautionnemens des comptables envers le gouvernement.

§ III. *Un franc pour cent francs.*

1° Les adjudications au rabais et marchés, autres que ceux compris dans le paragraphe précédent, pour constructions, réparations et entretien, et tous autres objets mobiliers susceptibles d'estimation, faits entre particuliers ; qui ne contiendront ni vente, ni promesse de livrer des marchandises, denrées ou autres objets mobiliers.

2° Les baux à ferme ou à loyer d'une seule année, ceux faits pour deux années.

Le droit sera perçu sur le prix cumulé de deux années.

Ceux d'un plus long-temps, pourvu que leur durée soit limitée.

Le droit sera également perçu sur le prix cumulé, savoir : pour les deux premières années, à raison d'un franc par cent francs, et pour les autres années, sur le pied de vingt-cinq centimes par cent francs.

Et les sous-baux, subrogations, cessions et rétro-cessions de baux.

Le droit sera liquidé et perçu sur les années à courir, comme il est établi pour les baux ; savoir : à raison d'un pour cent sur les deux premières années restant à courir, et de vingt-cinq centimes par cent francs pour les autres années.

Seront considérés, pour la liquidation et le paiement du droit, comme baux de neuf années, ceux faits pour trois, six ou neuf ans.

Les baux de biens nationaux sont assujettis aux mêmes droits.

3° Les contrats, transactions, promesses de payer, arrêtés de compte, billets, mandats ; les transports, cessions et délégations de créances à terme ; les délégations du prix stipulées dans un contrat, pour acquitter des créances à terme envers un tiers sans énonciation de titre enregistré, sauf, pour ce cas, la restitution dans le délai prescrit, s'il est justifié d'un titre précédemment enregistré ; les reconnaissances, celles de dépôts de sommes chez des particuliers, et tous autres actes ou écrits qui contiendront obligations de sommes, sans libéralité, et sans que l'obligation soit le prix d'une transmission de meubles ou immeubles non enregistrée.

§ V. *Deux francs par cent francs.*

4° Les constitutions de rentes soit perpétuelles, soit viagères, et de pensions à titre onéreux ; les cessions, transports et délégations qui en sont faits au même titre, et les baux de biens meubles faits pour un temps illimité.

3° Les échanges de biens immeubles

Le droit sera perçu sur la valeur d'une des parts, lorsqu'il n'y aura aucun retour : s'il y a retour, le droit sera payé à raison de deux francs par cent francs, sur la moindre portion, et comme pour vente sur le retour ou la plus-value.

15° Les lettres de change tirées de place en place, celles venant de l'étranger ou des colonies françaises, les endossemens et acquits des effets, et les endossemens et acquits des billets à ordre et autres effets, négociables.

16° Les actes passés en formes authentiques avant l'établissement de l'enregistrement, dans l'ancien territoire de la France, et ceux passés également en forme authentique, ou sous signature privée, dans les pays réunis, et qui y ont acquis une date certaine suivant les lois de ce pays, ainsi que les mutations qui se sont opérées par décès, avant la réunion desdits pays.

EXTRAIT *de la loi qui assujettit au timbre les avis imprimés, etc.*

Du 6 prairial an VII (25 mai 1799).

5. Les lettres de voiture, connaissemens, chartes-parties et police d'assurance, seront inscrits à l'avenir sur du papier du timbre d'un franc.

6. A compter de la publication de la présente, les billets et obligations non négociables, et les mandats à terme ou de place en place, ne pourront être faits que sur papier du timbre proportionnel, comme il en est usé pour les billets à ordre, lettres de change et autres effets négociables, et sous la même peine.

Loi qui dispense des formalités du timbre et de l'en-
registrement, les actes concernant la liquidation de la
dette publique.

Du 26 frimaire an VIII (17) décembre 1799).

Art. 1er. Les actes sous seing-privé tendant unique-
ment à la liquidation de la dette publique, et en tant
qu'ils servent aux opérations de la liquidation, sont
dispensés des formalités du timbre et de l'enregistrement.

2. Les actes des administrations et commissaires
liquidateurs, relatifs aux dites liquidations, sont dispensés des mêmes formalités.

3. Les lois contraires à la présente sont rapportées.

Extrait *de la loi relative à la perception des droits*
d'enregistrement.

Du 27 ventôse an IX (18 mars 1801).

8. Le droit d'enregistrement des baux à ferme ou à
loyer et des sous-baux, subrogations, cessions et rétro-
cessions de baux, réglé par l'art. 69 de la loi du 22
frimaire, § III, n° 2, à un franc par cent francs sur le
montant des deux premières années, et à vingt-cinq centimes par cent francs sur celui des autres années, est réduit à
soixante-quinze centimes par cent francs sur les deux
premières années, et à vingt centimes par cent francs
sur le montant des années suivantes.

S'il est stipulé, pour une ou plusieurs années, un
prix différent de celui des autres années du bail ou de
la location, il sera formé un total du prix de toutes les
années, et il sera divisé également, suivant leur nombre, pour la liquidation du droit.

Extrait *du décret concernant le timbre des lettres de voiture, connaissemens, chartes-parties et polices d'assurances.*

Du 3 janvier 1809.

Art. 1er Les lettres de voiture, connaissemens, chartes-parties et police d'assurances continueront d'être assujettis au timbre de dimension. Les parties, pour rédiger ces actes, pourront se servir de telle dimension de papier timbré qu'elles jugeront convenable, sans être tenues d'employer exclusivement à cet usage du papier du timbre d'un franc.

2. Ne sont point assujettis à se pourvoir de lettres de voiture timbrées les propriétaires qui font conduire par leurs voituriers et propres domestiques ou fermiers les produits de leurs récoltes.

Décret *portant que les révocations de procurations et de testamens pourront être faites et expédiées sur la même feuille que ces actes.*

Du 15 juin 1832.

Art. 1er A dater de la publication du présent décret, les révocations, soit des procurations, soit des testamens, jouiront de l'exception accordée par les premier et deuxième alinéas de l'art. 23 de la loi du 13 brumaire an 7 sur le timbre.

En conséquence, elles pourront être faites et expédiées sur la même feuille que ces actes.

Extrait *de la loi sur les Finances.*

Du 28 avril 1816.

Art. 43. Seront sujets au droit fixe de deux francs :

5° Les autorisations pures et simples ;

6° Les certificats de cautions et de cautionnemens ;

7° Les consentemens purs et simples ;

8° Les décharges également pures et simples , et les récépissés de pièces ;

14° Les lettres missives qui ne contiennent ni obligation , ni quittance , ni aucune autre convention donnant lieu au droit proportionnel ;

15° La nomination d'experts hors jugement ;

17° Les procurations et pouvoirs pour agir , ne contenant aucune stipulation ni clause donnant lieu au droit proportionnel ;

19° Les reconnaissances pures et simples ne contenant aucune obligation ni quittance.

44. Seront sujets au droit fixe de trois francs :

2° Les compromis ou nominations d'arbitres , qui ne contiennent aucune obligation de sommes et valeurs donnant lieu au droit proportionnel ;

6° Les connaissances ou reconnaissances de chargemens par mer ;

8° Les transactions , en quelque matière que ce soit , qui ne contiennent aucune stipulation de sommes et valeurs , ni disposition soumise à un plus fort droit d'enregistrement.

45. Seront sujets au droit fixe de cinq francs :

4° Les testamens et tous autres actes de libéralité qui ne contiennent que des dispositions soumises à l'événement du décès, et les dispositions de même nature qui sont faites par contrat de mariage entre les futurs, ou par d'autres personnes ;

51. Seront sujets au droit d'un franc par cent francs :

1° Les abonnemens pour faits d'assurance ou grosse aventure ;

Le droit sera perçu sur la valeur des objets abandonnés.

En temps de guerre , il ne sera dû qu'un demi-droit

2° Les actes et contrats d'assurance :

Le droit sera perçu sur la valeur de la prime ;

En temps de guerre , il n'y aura lieu qu'au demi-droit.

Prescription des droits d'enregistrement.

Après deux années à compter du jour de l'enregistrement , il y a prescription pour la demande des droits d'enregistrement , s'il s'agit d'un droit non perçu par une disposition particulière dans un acte , ou d'un supplément de perception insuffisamment faite , ou d'une évaluation dans une fausse déclaration et pour la constater par voie d'expertise.

Les parties sont également non-recevables , après le même délai , pour toute demande en restitution des droits perçus. (Loi du 22 frimaire an 7 , art. 61.)

La date des actes sous signature privée ne peut cependant être opposée à la république pour prescription des droits et peines encourus , à moins que ces actes n'aient acquis une date certaine par le décès de l'une les parties ou autrement. (Id. art. 62.)

De l'exécution des actes sous seing-privé.

L'acte sous seing-privé n'est pas exécutoire de plein droit , par cela seul qu'il est revêtu de toutes les formalités voulues par la loi ; il faut encore qu'un jugement en ordonne l'exécution.

La partie qui se refuse à accomplir un acte sous seing-privé sera donc assigné devant les tribunaux , suivant les régles ordinaires de la compétence , pour s'y voir condamner à l'exécution de l'acte qu'elle a souscrit.

Par suite du jugement intervenu par la contestation, l'acte sous seing-privé aura le même effet qu'un acte authentique passé devant un officier public. Il sera revêtu par-là de la force exécutoire que lui confère le jugement.

PARTIE PRATIQUE.
MODÈLES D'ACTES.

La variété des actes peut être aussi étendue que les rapports d'homme à homme sont nombreux. Ce serait un travail superflu et sans objet que d'en constater les modifications diverses. Les obligations se réduisent en définitive à payer, donner, faire ou ne pas faire quelque chose. C'est donc dans ce cadre que nous pouvons trouver toutes les solutions désirables.

Modèle d'obligation pour argent dû.

« Je soussigné D... (*nom*, *prénoms*, *profession et demeure*), reconnais devoir à M. B. (*nom*, *prénoms*, *profession et demeure*) la somme de (*désigner en toutes lettres la somme*), pour... (*exprimer la cause*), laquelle somme je promets et m'oblige lui rendre avec intérêts, à raison de cinq pour cent par an, *ou* sans intérêts, le... (*désigner la date du jour, du mois, de l'an*), ou à sa première réquisition, en un seul paiement. A..., ce (*la date du jour et de l'an*).

(Signature.)

Observation. Si l'acte n'est pas écrit de la main de l'obligé, il doit approuver l'écriture, mettre un *bon* en toutes lettres de la somme qui y est contenue. Il en est de même pour tous les autres actes.

« Approuvé l'écriture ci-dessus. Bon pour la somme de... *(désigner cette somme.)* »

d'autre obligation également pour argent dû.

« Je soussigné D... reconnais devoir à S... la somme de... laquelle somme de... je promets et m'engage lui rembourser dans un an de ce jour, avec intérêts à cinq pour cent, en quatre paiemens égaux, de chacun......, dont le premier s'effectuera le... ; le second, le... ; le troisième, le... ; et le quatrième et dernier, le... A..., ce... »   *(Signature.)*

Modèle d'engagement de paiement à des époques déter-minées.

« Entre nous soussigné P....., d'une part ;
» Et V....., d'autre part ;
» A été convenu ce qui suit ; savoir :
» Le sieur P....., créancier du sieur V.... de la somme de...., en vertu d'une obligation sous seing-privé, en date du....., enregistré à...., le... exigible dès mainte-nant, consent, pour faciliter au dit sieur N.... le paie-ment de cette somme par lui due, lui accorder un délai de deux ans, à partir de ce jour, à condition qu'il effec-tuera le paiement de la totalité de ladite somme en douze paiemens égaux de chacun....., de deux mois en deux mois à partir du.... et qu'il paiera les intérêts de ladite somme à raison de cinq pour cent, lesquels inté-rêts seront joints à chaque paiement, et diminueront au

fur et à mesure des remboursemens du capital ; à condition, en outre, qu'à défaut du paiement desdites portions du capital et des intérêts aux époques fixées, la totalité de la somme mentionnée en l'obligation ci-dessus, et les intérêts échus seront exigibles de suite, nonobstant les délais accordés par le présent, lesquels, en ce cas, seront considérés comme non avenus et nuls.

» De son côté, le sieur V.... s'engage à l'exécution du présent, et promet d'y satisfaire en tout son contenu.

Ainsi arrêté, fait et signé double. A...., ce.... »

(*Signature*).

Modèle d'engagement de paiement pour dommages et intérêts.

« Entre nous soussignés D...., d'une part ;

» Et C...., d'autre part ;

» A été convenu de ce qui suit, savoir :

» Le sieur D.... consent restreindre à cinq cents francs la somme de mille francs, montant des dommages et intérêts qui lui ont été adjugés contre le sieur C...., par jugement contradictoire rendu par le tribunal de...., le...., à condition que ledit sieur C... paiera la somme de cinq cents francs en deux paiemens égaux, de chacun deux cent cinquante francs, dont le premier aura lieu dans un mois de ce jour, et le second un mois après ; parce que dans le cas où ledit sieur C.... n'effectuerait pas lesdits paiemens aux époques ci-dessus fixées, il serait déchu du bénéfice de la remise présentement faite, et le sieur D.... reprendrait tous ses droits contre ledit sieur C.... : à l'effet de quoi le jugement ci-dessus mentionné conservera toute sa force et vigueur jusqu'au dit paiement.

» De son côté, le sieur C.... s'engage au paiement ci-dessus fixé, promet d'y satisfaire aux époques déterminées, sous les peines de déchéance stipulées au présent.

» Fait et signé double. A...., ce.... »

(Signatures).

Modèle de promesse de livrer des ouvrages à une époque
fixée.

« Entre nous soussignés, d'une part ;

» Et d'autre part ;

» A été convenu de ce qui suit, savoir :

» Le sieur .... promet fournir au sieur ...., dans le courant d'un mois, à partir de ce jour .... pièces de...., payables comptant au moment de la livraison ; à raison de .... fr. par chaque pièce, et si, à l'expiration dudit mois, ledit sieur .... n'a pas fourni audit sieur.... le nombre des.... pièces mentionnées ci-dessus, il promet fournir, dans le courant du mois suivant, ce qui restera pour compléter le nombre promis au sieur.... ; mais alors le prix de chacune de ces pièces ne sera plus que de .... francs au lieu de .... francs.

» Si le sieur..., à l'époque des livraisons, n'en effectuait pas le paiement comptant, le prix des dites pièces augmentera de .... par chaque quinzaine de retard, et, dans ce cas, le sieur.... aura même l'option de reprendre les pièces fournies non payées et de résoudre le présent, sans néanmoins qu'aucune des deux parties puisse exiger des dommages et intérêts de l'une envers l'autre.

» Ainsi arrêté fait et signé double. A...., ce....»

*Promesse de stipulation de dommages et intérêts en cas
d'inexécution.*

« Entre nous soussignés...., d'une part ;

» Et...., d'autre part ;

» A été convenu de ce qui suit ; savoir :

» Le sieur.... promet fournir et livrer dans le courant de ce mois, au sieur.... (*désigner l'objet*), à raison de.... francs par chaque....

» Le sieur.... promet payer comptant lesdits.... aussitôt la livraison.

Si le sieur.... n'a pas fait au sieur.... la livraison desdits.... dans le courant du mois, lesdits.... resteront à
la charge dudit sieur.... qui, en outre, sera tenu de
payer au sieur.... la somme de.... pour lui valoir de
dommages et intérêts faute d'inexécution de la présente
convention.

Si le sieur...., au moment de la livraison, ne satis-
fait pas au paiement desdits...., le sieur...., reprendra
lesdits...., et le sieur...., sera tenu de lui payer la
somme de...., pour lui valoir pareillement de dommages et intérêts pour cause d'inexécution de la présente
convention.

» Ainsi arrêté, fait et signé double. A...., ce.... »

(Signatures).

Modèle d'obligation solidaire.

Nous soussignés D.... et M...., reconnaissons devo
M. B...., la somme de.... pour (*désigner la chose* ,
qu'il a fournie à tous deux conjointement, laquell
somme de.... nous promettons et nous nous obligeon

solidairement, l'un pour l'autre, de payer, dans un
mais de ce jour audit M. B... avec les intérêts à raison
dei 5 pour 0/0 par an. A...., ce.... »

(*Signatures*).

Chacun des actes de la vie civile se produisant sous
une formule, nous en donnerons le modèle au fur et à
mesure que nous expliquerons ces divers actes.

CHAPITRE III.

COMPTES DE TUTELLE.

—

Lorsque le mineur a atteint sa majorité, son tuteur
lui doit un compte de gestion et d'administration. Le
compte est également dû au mineur émancipé. Ce
compte est rendu à l'amiable; mais les contestations
qui surviennent ne peuvent être jugées que par les
tribunaux.

Voici les dispositions du Code civil à cet égard .

(*Art. 469 du Code civ.*) Tout tuteur est compta
de sa gestion lorsqu'elle finit.

470. Tout tuteur, autre que le père et la mère
peut-être tenu, même durant la tutelle, de remettre
au subrogé-tuteur des états de situation de sa gestion
aux époques que le conseil de famille aura jugé à propos
de fixer, sans néanmoins que le tuteur puisse être as-

treint à en fournir plus d'un chaque année. — Ces
de situation seront rédigés et remis sans frais, sur
pier non timbré, et sans aucune formalité de justice.

471. Le compte définitif de tutelle sera rendu aux
dépens du mineur, lorsqu'il aura atteint sa majorité ou
obtenu son émancipation. Le tuteur en avancera l
frais. — On y allouera au tuteur toutes dépenses suffi -
samment justifiées, et dont l'objet sera utile.

472. Tout traité qui pourra intervenir entre le tuteur
et le mineur devenu majeur sera nul, s'il n'a été
précédé de la reddition des comptes détaillés, et de la
remise des pièces justificatives ; le tout constaté par un
récépissé de l'ayant compte, dix jours au moins avant
le traité.

473. Si le compte donne lieu à des contestations, elles
seront poursuivies et jugées comme les autres contestations en matière civile.

474. La somme à laquelle s'élèvera le reliquat dû par
le tuteur portera intérêt, sans demande, à compter de
la clôture du compte. — Les intérêts de ce qui sera dû
au tuteur par le mineur ne courront que du jour de la
sommation de payer qui aura suivi la clôture du
compte.

475. Toute action du mineur contre son tuteur, relativement aux faits de la tutelle, se prescrit par dix ans,
à compter de la majorité.

480. Le compte de tutelle sera rendu au mineur
émancipé, assisté d'un curateur qui lui sera nommé par
le conseil de famille.

Art. 2045. Le tuteur ne peut transiger avec le mineur devenu majeur, sur le compte de tutelle, que conformément à l'art. 472.

*Modèle de Compte de Tutelle rendu au mineur devenu
majeur.*

Compte de tutelle que rend le sieur M... au sieur B...
fils mineur du défunt B..., devenu majeur ou émancipé
par acte du.... Le présent compte est rendu par suite
de la tutelle qu'a eu le sieur M..., depuis.... jusqu'à....

RECETTE.

Art. 1er Vente de meubles et effets mobiliers de la
succession du sieur B..., mineur, suivant procès-verbal
dressé par G...., huissier-priseur. Reçu.... (*en toutes
lettres*), ci. . . . . 0 fr. 0 c.

Art. 2. Reçu de M..., débiteur du sieur
B...., défunt, en vertu de la somme de...
francs, ci. . . . . 0 fr. 0 c.

Art. 3. Reçu du sieur P... la somme de...
francs pour remboursement de la rente
de...., constituée par lui au profit dudit
sieur B...., par acte.... en date du...., ci. 0 fr. 0 c.

Art. 4. (*continuer ainsi toutes espèces
de recettes*).

Total. . . . . . . 0 fr. 0 c.

DÉPENSE.

Art. 1er Payé pour opposition et levée
des scellés après le décès dudit sieur B...,
la somme de..., suivant la quittance du
greffier dudit juge de paix , ci. . . . . . 0 fr. 0 c.

Art. 2. Payé au sieur G...., notaire à...
qui a procédé à l'inventaire des meubles
et effets, titres et papiers, après la recon-

naissance et levée des scellés, la somme
de..., suivant sa quittance, ci. . . . . . . 0 fr. 0 c.

Art. 3. Payé pour frais d'inhumation dudit sieur B..., la somme de..., suivant les
quittances de..., ci. . . . . 0 fr. 0 c.

Art. 4. Payé pour frais de maladie dudit sieur B..., la somme de...., suivant
les quittances des sieurs...., ci. . . . . . 0 fr.   c.

Art. 5. *(Continuer ainsi tous les paiemens faits)*·

Total. . . . . 0 fr. 0 c.

A RECOUVRER

Art. 1er Dû par le sieur N..., la somme
de..., en vertu de..., et d'après les poursuites faites contre lui, et prouvées par...,
ci. . . . . 0 fr. 0 c.

Art. 2. Dû, par le sieur T...., la somme de... en vertu de...., non encore
exigible, ci. . . . . 0 fr. 0 c.

Art. 3. Dû, par le sieur D..., absent
depuis.... ans, la somme de...., en ver-
tu...., ci. . . . . 0 fr. 0 c.

Art. 4. *(Continuer ainsi toutes les sommes à recouvrer)*.

Total. . . . . 0 fr. 0 c.

RECAPITULATION.

Chapitre I. *Recette.* . . . . 0 fr. 0 c
Chapitre II. *Dépense.* . . . . 0 fr. 0 c.
Chapitre III. *Sommes à recouvrer.* . . . 0 fr. 0 c.

« Du présent compte que déclare et affirme sincère
et véritable ledit sieur M...., il résulte que la recette

excédant la dépense de...., ledit sieur M.... est redevable audit sieur M...., fils, de la somme de....; ou la dépense excédant la recette de la somme de...., le dit sieur B.... fils est redevable audit sieur M.... de la somme de....

» Il résulte pareillement que ledit sieur M... a, par suite de sa gestion, encore à recouvrer, de différentes personnes, la somme de.... en totalité, lesquels recouvremens n'ont pu être faits par lui, ainsi qu'il en justifie. Fait à...., ce.... »   (*Signatures*).

Décharge d'un compte de tutelle.

« Je soussigné B...., fils du défunt B...., reconnais que le sieur M...., mon tuteur, m'a rendu compte de la gestion et administration qu'il a eu pendant ma minorité de la succession de B...., mon père, depuis.... jusqu'à ce jour, et qu'après l'examen de ce compte, que j'ai trouvé juste, et la balance que j'ai faite de la recette avec la dépense, ledit sieur M...., s'étant trouvé mon redevable de la somme de...., m'a présentement remis ladite somme; *ou*, qu'après la balance que j'ai faite de la recette avec la dépense, ledit sieur M.... s'est trouvé entièrement quitte avec moi; je reconnais pareillement que ledit sieur m'a remis tous les titres et pièces concernant la succession dont il a eu l'administration pendant ma minorité, ainsi que tous titres et renseignemens concernant les recouvremens qui restent à faire, pourquoi je le tiens quitte et décharge. A...., ce.... »

                    (*Signature.*

econnaissance d'une somme due par un tuteur sur un compte de tutelle

« Je soussigné M...., ayant eu la gestion et l'administration de la succession du sieur B...., décédé le...., comme tuteur du sieur B...., son fils mineur, et actuellement majeur, reconnais, d'après le compte de tutelle que j'ai rendu audit B.... fils, cejourd'hui, et dont il m'a donné quittance et décharge, ainsi que de la remise de tous les titres, pièces et papiers que je lui ai faite, être débiteur, sur ledit compte, envers le sieur B...., de la somme de...., laquelle somme je promets et m'engage lui payer, en un seul paiement, le.... (*l'époque*), *ou* en.... paiemens différens ; le premier, le... ; le second, le... le troisième, le..., avec intérêts à raison de cinq pour cent par an. A.... ce..., »

(Signature).

Reconnaissance d'une somme due à un tuteur sur un compte de tutelle.

« Je soussigné B...., fils de défunt B...., reconnais que, sur le compte de tutelle que le sieur M...., mon tuteur, m'a rendu cejourd'hui, et dont je le tiens quitte et décharge, ainsi que de la remise de tous les titres et papiers qui concernent la succession dont il a eu la gestion et l'administration pendant ma minorité, d'après l'examen que j'ai fait dudit compte et la balance de la recette avec la dépense, je lui suis, sur ledit compte, resté redevable de la somme de...., laquelle somme je m'oblige à lui payer d'après les termes et délais qui seront convenus entre lui et moi.

(Signature).

Pièces justificatives du présent Compte , remises cejour-
d'hui à B... par M... , son tuteur.

1° Un dossier contenant.... pièces, qui sont les actes
de tutelle , d'inventaire , d'émancipation , et une feuille
où sont portées les recettes et dépenses diverses , les
titres d'acquisitions des biens de.... , etc. , etc.

2° Un autre dossier contenant les mémoires et quittances formant la dépense du présent.

Fait à... , le... , an...   (*Signature du Tuteur*).

CHAPITRE IV.

DES SUCCESSIONS ET DES ACTES AUXQUELS ELLES DONNENT LIEU.

—

Nous ne saurions mieux faire que de rapporter tex-
tuellement les dispositions du Code civil en cette matière. La gravité du sujet , et le soin avec lequel le
législateur la traite , nous en font un devoir , et le lec-
teur y trouvera un avantage.

Du partage des successions et des rapports entre majeur .

Art. 819. Si tous les héritiers sont présens et majeur et
l'apposition des scellés sur les effets de la succession
n'est pas nécessaire , et le partage peut être fait dans la
forme et par tel acte que les parties intéressées juge r
convenable.

823. Si l'un des cohéritiers refuse de consentir au partage, ou s'il s'élève des contestations soit sur le mode d'y procéder, soit sur la manière de le terminer, le tribunal prononce comme en matière sommaire ; on commet, s'il y a lieu, pour les opérations du partage, un des juges, sur le rapport duquel il décide les contestations.

824. L'estimation des immeubles est faite par experts choisis par les parties intéressées, ou, à leur refus, nommés d'office.

Le procès-verbal des experts doit présenter les bases de l'estimation ; il doit indiquer si l'objet estimé peut être commodément partagé ; de quelle manière ; fixer enfin, en cas de division, chacune des parts qu'on peut en former, et leur valeur.

825. L'estimation des meubles, s'il n'y a pas eu de prisées dans un inventaire régulier ; doit être faite par gens à ce se connaissant, à juste prix et sans crue.

826. Chacun des cohéritiers peut demander sa part en nature des meubles et immeubles de la succession : néanmoins, s'il y a des créanciers saisissans ou opposans, ou si la majorité des cohéritiers juge la vente nécessaire pour l'acquit des dettes et charges de la succession, les meubles sont vendus publiquement en la forme ordinaire.

827. Si les immeubles ne peuvent pas se partager commodément, il doit être procédé à la vente par licitation devant le tribunal.

Cependant, les parties, si elles sont toutes majeures, peuvent consentir que la licitation soit faite devant un notaire sur le choix duquel elles s'accordent.

828. Après que les meubles et immeubles ont été estimés et vendus, s'il y a lieu, le juge commissaire renvoie les parties devant un notaire dont elles conviennent, ou nommé d'office, si les parties ne s'accordent pas sur le choix. — On procède, devant cet officier, aux comptes que les copartageans peuvent se devoir, à la formation de la masse générale, à la composition des lots, et aux fournissemens à faire à chacun des copartageans.

829. Chaque cohéritier fait rapport à la masse, suivant les règles qui seront ci-après établies, des dons qui lui ont été faits, et des sommes dont il est débiteur.

830. Si le rapport n'est pas fait en nature, les cohéritiers à qui il est dû prélèvent une portion égale sur la masse de la succession. — Les prélèvemens se font, autant que possible, en objets de même nature, qualité et bonté que les objets non rapportés en nature.

831. Après ces prélèvemens, il est procédé, sur ce qui reste dans la masse, à la composition d'autant de lots égaux qu'il y a d'héritiers copartageans, ou de souches copartageantes.

832. Dans la formation et composition des lots, on doit éviter, autant que possible, de morceler les héritages et de diviser les exploitations; et il convient de faire entrer dans chaque lot, s'il se peut, la même quantité de meubles, d'immeubles, de droits ou de créances de même nature et valeur.

833. L'inégalité des lots en nature se compense par un retour, soit en rente, soit en argent.

834. Les lots sont faits par l'un des cohéritiers, s'ils peuvent convenir entre eux sur le choix, et si celui qu'ils avaient choisi accepte la commission : dans le cas

contraire, les lots sont faits par un expert que le juge commissaire désigne. — Ils sont ensuite tirés au sort.

835. Avant de procéder au tirage des lots, chaque copartageant est admis à proposer ses réclamations contre leur formation.

836. Les règles établies pour la division des masses à partager sont également observées dans la subdivision à faire entre les souches copartageantes.

837. Si, dans les opérations renvoyées devant un notaire, il s'élève des contestation, le notaire dressera procès-verbal des difficultés et des dires respectifs des parties, les renverra devant le commissaire nommé pour le partage, et au surplus, il sera procédé suivant les formes prescrites par les lois sur la procédure.

838. Si tous les cohéritiers ne sont pas présens, ou s'il y a parmi eux des interdits, ou des mineurs, même émancipés, le partage doit être fait en justice, conformément aux règles prescrites par les articles 819 et suivans, jusques et compris l'article précédent. S'il y a plusieurs mineurs qui aient des intérêts opposés dans le partage, il doit leur être donné à chacun un tuteur spécial et particulier.

842. Après le partage, remise doit être faite à chacun des copartageans, des titres particuliers aux objets qui lui seront échus. — Les titres d'une propriété divisée restent à celui qui a la plus grande part, à la charge d'en aider ceux de ses copartageans qui y auront intérêt, quand il en sera requis. — Les titres communs à toute l'hérédité sont remis à celui que tous les héritiers ont choisi pour en être le dépositaire, à la charge d'en

aider les copartageans, à toute réquisition. — S'il y a difficulté sur ce choix, il est réglé par le juge.

843. Tout héritier, même bénéficiaire, venant à une succession, doit rapporter à ses cohéritiers tout ce qu'il a reçu du défunt, par donation entre-vif directement ou indirectement : il ne peut retenir les dons ni réclamer les legs à lui faits par le défunt, à moins que les dons et legs ne lui aient été faits expressément par préciput et hors part, ou avec dispense du rapport.

985. Les testamens faits dans un lieu avec lequel toute communication sera interceptée, à cause de la peste ou autre maladie contagieuse, pourront être faits devant le juge de paix, ou devant l'un des officiers municipaux de la commune, en présence de deux témoins.

Du paiement des dettes.

870. Les cohéritiers contribuent entre eux au paiement des dettes et charges de la succession, chacun dans la proportion de ce qu'il y prend.

873. Les héritiers sont tenus des dettes et charges de la succession, personnellement pour leur part et portion virile, et hypothécairement pour le tout ; sauf leur recours, soit contre leurs cohéritiers, soit contre les légataires universels, à raison de la part pour laquelle ils doivent y contribuer.

Frais de scellés.

Les frais de scellés, s'il en a été apposé, d'inventaire et de compte, sont à la charge de la succession. (Article 810. Code civ.)

Tous ces frais ainsi que les frais funéraires, les frais de réparations nécessaires, d'entretien, d'administration, etc., sont portés par l'héritier bénéficiaire au chapitre des dépenses de son compte, et passent ainsi avant tous créanciers.

L'expression *s'il en a été apposé* indique qu'il n'est pas nécessaire absolument que des scellés aient été apposés avant de procéder à l'inventaire. Cependant il est de l'intérêt de l'héritier bénéficiaire de remplir cette formalité, pour écarter tout soupçon.

Pour arriver à la connaissance exacte des immeubles de la succession, les héritiers qui voudront procéder à l'amiable au partage des immeubles échus rédigeront un acte par lequel ils déclareront consentir, d'un commun accord, à choisir pour experts les sieurs... et pour tiers, pour les partager en cas de besoin, le sieur.... pour procéder à la visite et estimation desdits immeubles, déclarant les dispenser du serment, et renonçant à tout recours ou appel contre leur rapport, suivant lequel il devra être procédé au tirage et partage des lots.

Lesdits experts feront en conséquence, et à après les termes du mandat qui leur est donné, leur visite et le rapport qui contiendra leur avis.

Modèle d'un acte de partage de succession entre héritiers majeurs.

Le... de l'an...

Entre nous soussignés, tous enfans et héritiers de... notre père, décédé à... le... 1° ... domicilié à... 2° ... demeurant à... etc.

3..

A été procédé, ainsi qu'il suit, aux lots et partage de biens immeubles et rentes dépendant de sa succession lesquels consistent :

1° En une maison située à... rue...., n°...., consistant au rez-de-chaussée, etc. ; ladite maison estimée... ci.

» fr. » c.

2° En une autre maison (*en faire la désignation, contenance déterminée et limite*), estimée à..., ci.

»   »

3° dans les héritages sis commune de...   »   »

Consistant en une maison sise à.... estimée à...; ci.

Et dix pièces de terre :

La première de la contenance de... hectares... ares... centiares, limitée au nord par... au midi par... à l'est par... à l'ouest par...

La seconde... comme ci-dessus.

La troisième et les suivantes, (idem).

Aux immeubles trouvés dans la succession, il faut ajouter, les valeurs qui s'y trouvent en outre, telles que rentes, capitaux, et en faire le partage d'après les règles indiquées.

Cela fait, les experts remettent leur travail aux héritiers, qui choisissent l'un d'eux pour faire les lots ; il se composera sur le modèle suivant :

Lots.

Le premier lot se compose, 1° de la maison sise à... n°.... ci-dessus, bornée et désignée dans l'état où elle se trouve actuellement ;

2° D'une autre maison sise à...., n°...., ci-devant désignée.

2ᵉ *Lot.*

Se compose : 1° d'une maison sise commune de.... ;

2° D'une pièce de terre sise audit lieu , de la contenance de... hectares... ares , triége , limitée.

3° D'une autre pièce de terre etc.

3ᵉ *et dernier Lot.*

Se compose de dix pièces de terres labourables situées
communes de...

La 1ʳᵉ... etc.

La 2..., etc.

Ainsi de suite.

Les lots ainsi faits , nous déclarons les admettre, et
n'avoir aucunes réclamations à faire contre leur formation ; ensuite nous avons tiré au sort : le 1ᵉʳ lot est échu
à..., le 2ᵉ à..., et le 3ᵉ à..., pour, par nous, en faire
jouir et disposer en toute propriété, comme de choses
à nous appartenant à dater de ce jour.

Les présens lots seront garans les uns des autres.

Les maisons ou terres qui composent les présens lots
seront pris dans l'état sans répétition de mesure ni de
surmesure.

Chacun des copartageans sera tenu de souffrir les
servitudes existant sur son lot , si aucunes existent :
sauf à s'en défendre à ses risques et périls et sans appeler ses cohéritiers aux contestations qui pourraient naître
à cet égard.

Nous reconnaissons en outre que les meubles ont été
partagés et les dettes payées en commun ; s'il s'en dé-
couvrait d'autres, elles serait pareillement acquittées
par chacun nos parts contributives, et que les titres
des propriétés ont été également remis à chacun de

nous concernant chaque lot, ainsi que ceux des rentes.

Les droits de mutation dus pour la succession, les frais d'enregistrement et de timbre du présent acte seront payés par portions égales.

Fait et signé triple après lecture à   l'an et jour susdits.

(Les signatures, avec approbation d'écriture.)

Aux termes du Code, l'inégalité des lots en nature se compense par un retour, soit en rente, soit en argent, art. 33, il faudrait ajouter aux lots ce qui suit : la maison qui fait l'objet du premier lot demeure affectée par hypothèque aux sommes et rentes que ledit lot est chargé d'acquitter : en conséquence, le s.... s'oblige, à la première réquisition soit du s.... ou.... de déclarer acte devant notaire, et à ses frais, que ladite maison est affectée par privilége et hypothèque aux sommes et rentes qu'il doit, afin que le s.... puisse prendre inscription sur ladite maison.

2109. Le cohéritier ou copartageant conserve son privilége sur les biens de chaque lot ou sur le bien licité, pour les soultes et retour de lots, ou pour le prix de la licitation, par l'inscription faite, à sa diligence, dans soixante jours, à dater de l'acte de partage ou de l'adjudication par licitation ; durant lequel temps aucune hypothèque ne peut avoir lieu sur le bien chargé de soulte ou adjugé par licitation, au préjudice du créancier de la soulte ou du prix.

CHAPITRE V.

DES TESTAMENS.

Les testamens étant une source des plus grandes discussions entre cohéritiers, il est bon d'y apporter quelque attention.

Du Testament olographe, ou sous seing-privé

967. Toute personne pourra disposer par testament, soit sous le titre d'institution d'héritier, soit sous le titre de legs, soit sous toute autre dénomination propre à manifester sa volonté.

968. Un testament ne pourra être fait dans le même acte par deux ou plusieurs personnes, soit au profit d'un tiers, soit à titre de disposition réciproque et mutuelle.

969. Un testament pourra être olographe ou fait par acte public ou dans la forme mystique.

970. Le testament olographe ne sera point valable, s'il n'est écrit en entier, daté et signé de la main du testateur : il n'est assujetti à aucune autre forme.

999. Un Français qui se trouvera en pays étranger, pourra faire ses dispositions testamentaires par acte sous signature privée, ainsi qu'il est prescrit en l'article 770,

ou par acte authentique , avec les formes usitées dans le lieu où cet acte sera passé.

1001. Les formalités auxquelles les divers testamens sont assujettis par les dispositions de la présente section et de la précédente , doivent être observées à peine de nullité.

De la portion des Biens disponibles.

913. Les libéralités , soit par acte entre-vifs , soit par testamens, ne pourront excéder la moitié des biens du disposant , s'il ne laisse à son décès qu'un enfant légitime , le tiers , s'il laisse deux enfans , le quart , s'il en laisse trois ou un plus grand nombre.

914. Sont compris dans l'article précédent , sous le nom d'*enfans* , les descendans en quelque degré que ce soit ; néanmoins , ils ne sont comptés que pour l'enfant qu'ils représentent dans la succession du disposant.

915. Les libéralités , par actes entre-vifs ou par testament , ne pourront excéder la moitié des biens , si , à défaut d'enfans , le défunt laisse un ou plusieurs ascendans dans chacune des lignes paternelle et maternelle , et les trois quarts , s'il ne laisse d'ascendans que dans une ligne. — Les biens ainsi réservés au profit des ascendans seront par eux recueillis dans l'ordre où la loi les appelle à succéder : ils auront seuls le droit de cette réserve , dans tous les cas où un partage en concurrence avec des collatéraux ne leur donnerait pas la quotité des biens à laquelle elle est fixée.

916. A défaut d'ascendans et de descendans , les libéralités par actes entre-vifs ou testamentaires pourront épuiser la totalité des biens.

917. Si la disposition par acte entre-vifs ou par testament est d'un usufruit ou d'une rente viagère dont la valeur excède la quotité disponible, les héritiers au profit desquels la loi fait une réserve auront l'option, ou d'exécuter cette disposition, ou de faire l'abandon de la propriété de la quotité disponible.

918. La valeur et pleine propriété des biens aliénés, soit à charge de rente viagère, soit à fonds perdus, ou avec réserve d'usufruit, à l'un des successibles en ligne directe, sera imputée sur la portion disponible : et l'excédant, s'il y en a, sera rapporté à la masse. Cette imputation et ce rapport ne pourront être demandés par ceux des autres successibles en ligne directe qui auraient consenti à ces aliénations, ni, dans aucun cas, par les successibles en ligne collatérale.

919. La quotité disponible pourra être donnée en tout ou en partie, soit par acte entre-vifs, soit par testament, aux enfans ou autres successibles du donateur, sans être sujette au rapport, par le donataire ou le légataire venant à la succession, pourvu que la disposition ait été faite expressément à titre de préciput ou hors part.

De la Réduction des Donations et Legs.

920. Les dispositions soit entre-vifs, soit à cause de mort, qui excéderont la quotité disponible, seront réductibles à cette quotité lors de l'ouverture de la succession.

926. Lorsque les dispositions testamentaires excéderont . soit la quotité disponible , soit la portion de
cette quotité qui resterait après avoir déduit la valeur
des donations entre-vifs , la réduction sera faite au
marc le franc , sans aucune dinstinction entre les legs
universels et les legs particuliers.

927. Néanmoins , dans tous les cas où le testateur
aura expressément déclaré qu'il entend que tels legs
soit acquitté de préférence aux autres , cette préférence
aura lieu . et le legs qui en sera l'objet ne sera réduit
qu'autant que la valeur des autres ne remplirait pas la
réserve légale.

Modèle de testament olographe.

Je soussigné (*noms , prénoms , profession et domicile*),
étant en santé de corps et d'esprit , et voulant disposer
pour le temps où je n'existerai plus , donne et légue à
(*nom , profession et domicile du légataire , parens ou
amis*) , tous mes biens meubles et immeubles , dont il
m'est permis de disposer, conformément à la loi. Fait
à... , le... , an...

Autre Formule.

Je soussigné (*comme en la précédente*) donne et
légue à... , pour en jouir après mon décés, la somme
de... fr., une fois payée.

Je donne et légue à... , la somme de... f. , de rente
viagère ou perpétuelle.

Je donne et légue à... , etc. Je veux que le surplus ,
de mes biens soit partagé entre tous mes héritiers , en
conformité de la loi : telles sont mes dispositions de
dernière volonté. A... , le... , an...

Autre formule.

Je soussigné, etc... donne et lègue à M. (*désigner l'objet*), comme un gage de ma reconnaissance, pour toutes ses peines et soins. A..., le..., an...

Le testament olographe ne sera point valable s'il n'est écrit en entier, *daté et signé* de la main du testateur; il n'est assujetti à aucune autre forme (art. 970.)

La date consiste, comme on sait, dans l'énonciation de l'an, du mois, et du jour où l'acte a été passé. Elle est nécessaire pour juger à cette époque la capacité du testateur; pour savoir, parmi plusieurs testamens, celui qui est postérieur et révoque les autres. Elle peut se mettre en chiffres; sa place n'est pas déterminée, il suffit qu'elle soit avant la signature.

CHAPITRE VI.

ACTES RELATIFS A L'ÉTAT CIVIL DES PERSONNES, D'APRÈS LE CODE CIVIL.

—

De la Minorité.

388. *Code civ.* Le mineur est l'individu de l'un et de l'autre sexe qui n'a point encore l'âge de vingt-un ans accomplis.

De la Majorité.

488. La majorité est fixée à vingt-un ans accomplis ; à cet âge on est capable de tous les actes de la vie civile, sauf la restriction portée au titre du mariage.

Obligations qui naissent du mariage.

203. Les époux contractent ensemble, par l'effet seul du mariage, l'obligation de nourrir, d'entretenir et d'élever leurs enfans.

1409. La communauté se compose : des alimens des époux, de l'éducation et entretien des enfans, et de toute autre charge du mariage.

1448. La femme qui a obtenu la séparation de biens doit contribuer, proportionnellement à ses facultés et à celles du mari, tant au frais du ménage qu'à ceux d'éducation des enfans communs. Elle doit supporter entièrement ces frais, s'il ne reste rien au mari.

217. La femme, même non commune, ou séparée de biens, ne peut donner, aliéner, hypothéquer, acquérir à titre gratuit ou onéreux, sans le concours du mari dans l'acte, ou son consentement par écrit.

1558. L'immeuble dotal peut être aliéné avec permission de justice, pour fournir des alimens à la famille dans le cas prévu par l'art. 203.

7. *Code de Com.* Les femmes marchandes publiques peuvent également engager, hypothéquer, aliéner leurs immeubles.

Toutefois, les biens stipulés dotaux, quand elles sont mariées sous le régime dotal, ne peuvent être hypothéqués ni aliénés que dans les cas déterminés, et avec les formes réglées par le Code civ.

De l'Adoption.

349. L'obligation naturelle, qui continuera d'exister entre l'adopté et ses père et mère, de se fournir des alimens dans les cas déterminés par la loi, sera considérée comme commune à l'adoptant et à l'adopté, l'un envers l'autre.

De la Puissance paternelle.

71. L'enfant, à tout âge, doit honneur et respect à ses père et mère.

372. Il reste sous leur autorité jusqu'à sa majorité ou son émancipation.

373. Le père seul exerce cette autorité durant le mariage.

374. L'enfant ne peut quitter la maison paternelle sans la permission de son père, si ce n'est pour enrôlement volontaire, après l'âge de dix-huit ans révolus.

384. Le père, durant le mariage, et, après la dissolution du mariage, le survivant des père et mère, auront la jouissance des biens de leurs enfans jusqu'à l'âge de dix-huit ans accomplis, ou jusqu'à l'émancipation qui pourrait avoir lieu avant l'âge de dix-huit ans.

385. Les charges de cette jouissance seront, n° 2, la nourriture, l'entretien et l'éducation des enfans, selon leur fortune ; n° 4, les frais funéraires et ceux de dernière maladie.

De la Tutelle des père et mère.

389. Le père est, durant le mariage, administrateur des biens personnels de ses enfans mineurs.

450. Le tuteur prendra soin de la personne du mineur ; et le représentera dans tous les actes civils.

Il administrera ses biens en bon père de famille, et répondra des dommages intérêts qui pourraient résulter d'une mauvaise gestion.

Il ne peut, ni acheter les biens du mineur, ni les prendre à ferme, à moins que le conseil de famille, n'ait autorisé le subrogé-tuteur à lui en passer bail, ni accepter la session d'aucun droit ou créance contre son pupille.

454. Lors de l'entrée en exercice de toute tutelle, autre que celle des père et mère, le conseil de famille réglera, par aperçu, et selon l'importance des biens régis, la somme à laquelle pourra s'élever la dépense annuelle du mineur, ainsi que celle d'administration de ses biens.

455. Ce conseil déterminera positivement la somme à laquelle commencera, pour le tuteur, l'obligation d'employer l'excédant des revenus sur les dépenses.

457. Le tuteur, même le père ou la mère, ne peut emprunter pour le mineur, ni aliéner ou hypothéquer ses biens immeubles, sans y être autorisé par un conseil de famille.

Cette autorisation ne devra être accordée que pour cause d'une nécessité absolue, ou d'un avantage évident.

Dans le premier cas, le conseil de famille n'accordera son autorisation qu'après qu'il aura été constaté par un compte sommaire présenté par le tuteur, que les derniers effets mobiliers et revenus des mineurs sont insuffisans.

Le conseil de famille indiquera, dans tous les cas, les immeubles qui devront être vendus de préférence, et de toutes les conditions qu'il jugera utiles.

467. Le tuteur ne pourra transiger au nom du mineur qu'après avoir été autorisé par le conseil de famille, et de l'avis de trois jurisconsultes désignés par le procureur du roi près le tribunal de première instance.

La transaction ne sera valable qu'autant qu'elle aura été homologuée par le tribunal de première instance, après avoir entendu le procureur du roi.

2045. Le tuteur ne peut transiger pour le mineur ou l'interdit, que conformément à l'art. 467, au titre de la minorité, de la tutelle et de l'émancipation.

2. *Code de Com.* Tout mineur émancipé de l'un et de l'autre sexe, âgé de dix-huit ans accomplis, qui voudra profiter de la faculté que lui accorde l'art. 487 du Code civil, de faire le commerce, ne pourra en commencer les opérations, ni être réputé majeur, quant aux engagemens par lui contractés pour faits de commerce, 1° s'il n'a été préalablement autorisé par son père, ou, à défaut du père et de la mère, par une délibération du conseil de famille, homologuée par le tribunal civil ; 2° si, en outre, l'acte d'autorisation n'a été enregistré et affiché au tribunal de commerce du lieu où le mineur veut établir son domicile.

6. Les mineurs marchands autorisés, comme il en est dit ci-dessus, peuvent engager et hypothéquer leurs immeubles.

Ils peuvent même les aliéner, mais en suivant les formalités prescrites par les art. 457 et suivans du Code civil.

De l'Émancipation.

476. *Code civ.* Le mineur est émancipé de plein droit par le mariage.

477. Le mineur, même non marié, pourra être émancipé par son père, ou, à défaut de père par sa mère, lorsqu'il aura atteint l'âge de quinze ans révolus.

Cette émancipation s'opérera par la seule déclaration du père ou de la mère, reçue par le juge de paix assisté de son greffier.

478. Le mineur resté sans père ni mère pourra aussi, mais seulement à l'âge de dix-huit ans accomplis, être émancipé, si le conseil de famille l'en juge capable.

En ce cas, l'émancipation résultera de la délibération qui l'aura autorisée, et de la déclaration que le juge de paix, comme président du conseil de famille, aura faite dans le même acte, que le mineur est émancipé.

481. Le mineur émancipé passera les baux, dont la durée n'excédera point neuf ans; il recevra ses revenus, donnera décharge et fera tous les actes qui ne sont que de pure administration, sans être restituable contre ces actes, dans tous les cas où le majeur ne le serait pas lui-même.

482. Il ne pourra intenter une action immobilière, ni y défendre, même recevoir ou donner décharge d'un capital mobilier, sans l'assistance de son curateur, qui, au dernier cas, surveillera l'emploi du capital reçu.

483. Le mineur émancipé ne pourra faire d'emprunts, sous aucuns prétextes, sans une délibération du conseil de famille , homologuée par le tribunal de première instance , après avoir entendu le procureur du roi.

484. Il ne pourra non plus vendre ni aliéner ses immeubles, ni faire aucun autre acte que ceux de pure administration , sans observer les formes prescrites au mineur non émancipé

A l'égard des obligations qu'il aurait contractées, par voie d'achats ou autrement , elles seront réductibles en cas d'excès ; les tribunaux prendront , à ce sujet , en considération la fortune du mineur , la bonne ou mauvaise foi des personnes qui auront contracté avec lui , l'utilité ou l'inutilité des dépenses.

487. Le mineur émancipé qui fait un commerce est réputé majeur pour les faits relatifs à ce commerce.

De l'Interdiction.

489. *Code civ.* Le majeur qui est dans un état habituel d'imbécilité, démence ou de fureur , doit être interdit , même lorsque cet état présente des intervalles lucides.

501. Tout arrêt ou jugement portant interdiction ou nomination d'un conseil , sera , à la diligence des demandeurs , levé , signifié à partie , et inscrit , dans les dix jours, dans les tableaux qui doivent être affichés dans la salle de l'auditoire et dans les études des notaires de l'arrondissement.

502. L'interdiction ou la nomination d'un conseil aura son effet du jour du jugement ; tous actes passés postérieurement par l'interdit , ou sans l'assistance du conseil, seront nuls de droit.

503. Les actes antérieurs à l'interdiction pourront être annulés, si la cause de l'interdiction existait notoirement à l'époque où ces actes ont été faits.

509. L'interdit est assimilé au mineur, pour sa personne et pour ses biens; les lois sur la tutelle des mineurs s'appliqueront à la tutelle des interdits.

512. L'interdiction cesse avec les causes qui l'ont déterminée; néanmoins la main-levée ne sera prononcée qu'en observant les formalités prescrites pour parvenir à l'interdiction, et l'interdit ne pourra reprendre l'exercice de ses droits qu'après le jugement de main-levée.

Du Conseil judiciaire.

513. Il peut être défendu aux prodigues de plaider, de transiger, d'emprunter, de recevoir un capital mobilier et d'en donner décharge, d'aliéner ni de grever leurs biens d'hypothèques, sans l'assistance d'un conseil, qui leur est nommé par le tribunal.

514. La défense de procéder sans l'assistance d'un conseil peut être provoquée par ceux qui ont droit de demander l'interdiction; leur demande doit être instruite et jugée de la même manière.

Cette défense ne peut être levée qu'en observant les mêmes formalités.

515. Aucun jugement, en matière d'interdiction ou de nomination du conseil, ne pourra être rendu, soit en première instance, soit en cause d'appel, que sur les conclusions du ministère public.

CHAPITRE VII.

DE LA VENTE.

—

De la nature et de la forme de la vente.

1582. La vente est une convention par laquelle l'un s'oblige à livrer une chose et l'autre à la payer. — Elle peut être faite par acte authentique ou sous seing privé.

1583. Elle est parfaite entre les parties ; et la propriété est acquise de droit à l'acheteur à l'égard du vendeur, dès qu'on est convenu de la chose et du prix ; quoique la chose n'ait pas encore été livrée ni le prix payé.

1584. La vente peut être faite purement et simplement, ou sous une condition soit suspensive, soit résolutoire.

Elle peut aussi avoir pour objet deux ou plusieurs choses alternatives.

Dans tous les cas, son effet est réglé par les principes généraux des conventions.

1585. Lorsque des marchandises ne sont pas vendues en bloc, mais au poids, au compte ou à la mesure, la vente n'est point parfaite, en ce sens que les choses vendues sont aux risques du vendeur jusqu'à ce qu'elles soient pesées, comptées ou mesurées ; mais l'acheteur peut en demander ou la délivrance ou des dommages-intérêts, s'il y a lieu, en cas d'inexécution de l'engagement.

1586. Si, au contraire, les marchandises ont été vendues en bloc, la vente est parfaite, quoique les marchandises n'aient pas encore été pesées, comptées ou mesurées.

1588. A l'égard du vin, de l'huile et des autres choses que l'on est dans l'usage de goûter avant d'en faire l'achat, il n'y a point de vente tant que l'acheteur ne les a point goûtées et agréées.

1588. La vente faite à l'essai est toujours présumée faite sous une condition suspensive.

1589. La promesse de vente vaut vente, lorsqu'il y a consentement réciproque des deux parties sur la chose et sur le prix.

1590. Si la promesse de vente a été faite avec des arrhes, chacun des contractans est maître de s'en départir. Celui qui les a données en les perdant, et celui qui les a reçues en restituant le double.

1591. Le prix de la vente doit être déterminé et désigné par les parties.

592. Il peut cependant être laissé à l'arbitrage d'un tiers ; si le tiers ne veut ou ne peut faire l'estimation, il n'y a point de vente.

1593. Les frais d'actes et autres accessoires à la vente sont à la charge de l'acheteur.

1594. Tous ceux auxquels la loi ne l'interdit pas peuvent acheter ou vendre.

1598. Tout ce qui est dans le commerce peut être vendu lorsque des lois particulières n'en ont pas prohibé l'aliénation.

1599. La vente de la chose d'autrui est nulle : elle peut donner lieu à des dommages intérêts, lorsque l'acheteur a ignoré que la chose fût à autrui.

1601. Si au moment de la vente la chose vendue était périe en totalité, la vente serait nulle. — Si une partie seulement de la chose est péri, il est au choix de l'acquéreur d'abandonner la vente ou de demander la partie conservée en faisant déterminer le prix par la ventilation.

1602. Le vendeur est tenu d'expliquer clairement ce à quoi il s'oblige. — Tout pacte obscur ou ambigu s'interprète contre le vendeur.

1603. Il a deux obligations principales, celle de délivrer et celle de garantir la chose qu'il vend.

1604. La délivrance est le transport de la chose vendue en la puissance et possession de l'acheteur.

1606. La délivrance des effets mobiliers s'opère, — Ou par tradition réelle, — Ou par la remise des clefs des bâtimens qui les contiennent, — Ou même par le seul consentement des parties, si le transport ne peut pas s'en faire au moment de la vente, ou si l'acheteur les avait déjà en son pouvoir à un autre titre.

1608. Les frais de la délivrance sont à la charge du vendeur, et ceux de l'enlèvement à la charge de l'acheteur, s'il n'y a eu stipulation contraire.

1609. La délivrance doit se faire au lieu où était, au temps de la vente, la chose qui en a fait l'objet, s'il n'e a été autrement convenu.

1610. Si le vendeur manque à faire la délivranc dans le temps convenu entre les parties, l'acquéreu pourra, à son choix, demander la résolution de l vente, ou sa mise en possession, si le retard ne vient que du fait du vendeur.

1611. Dans tous les cas, le vendeur doit être condamné aux dommages et intérêts, s'il résulte un préjudice pour l'acquéreur, du défaut de délivrance au terme convenu.

1612. Le vendeur n'est pas tenu de délivrer la chose, si l'acheteur n'en paie pas le prix et que le vendeur ne lui ait pas accordé un délai pour le paiement.

1613. Il ne sera pas non plus obligé à la délivrance, quand même il aurait accordé un délai pour le paiement, si, depuis la vente, l'acheteur est tombé en faillite ou en état de déconfiture, en sorte que le vendeur se trouve en danger imminent de perdre le prix, à moins que l'acheteur ne lui donne caution de payer le prix au terme.

1614. La chose doit être délivrée en l'état où elle se trouve au moment de la vente.

Depuis ce jour tous les fruits appartiennent à l'acquéreur.

1615. L'obligation de délivrer la chose comprend ses accessoires et tout ce qui a été destiné à son usage perpétuel.

1650. La principale obligation de l'acheteur est de payer le prix au jour et au lieu réglés par la vente.

1651. S'il n'a rien été réglé à cet egard lors de la vente, l'acheteur doit payer au lieu et dans le temps où doit se faire la délivrance.

1652. L'acheteur doit l'intérêt du prix de la vente jusqu'au paiement du capital, dans les trois cas suivans : — S'il a été ainsi convenu lors de la vente ; — Si la chose vendue et livrée produit des fruits ou autres revenus ; — Si l'acheteur a été sommé de payer. — Dans ce dernier cas, l'intérêt ne court que depuis la sommation.

1653. Si l'acheteur est troublé ou a juste sujet de craindre d'être troublé par une action, soit hypothécaire, soit en revendication, il peut suspendre le paiement du prix, jusqu'à ce que le vendeur ait fait cesser le trouble, si mieux n'aime celui-ci donner caution, ou à moins qu'il n'ait été stipulé que, nonobstant le trouble, l'acheteur paiera.

1654. Si l'acheteur ne paie pas le prix, le vendeur peut demander la résolution de la vente

1657. En matière de vente, de denrées et effets mobiliers, la résolution de la vente aura lieu de plein droit, et sans sommation, au profit du vendeur, après l'expiration du terme convenu pour le retirer.

De la vente d'Objets mobiliers et Marchandises.

L'an...., le...., entre les sieurs V.... et M...., soussignés.

A été arrêté les conventions suivantes : que le sieur V.... déclare par le présent vendre avec garantie de revendication ou autres empêchemens quelconques au sieur M.... qui accepte les meubles effets et marchandises dont le détail suit :

Une commode en acajou, à quatre tiroirs, à dessus de marbre (continuer à détailler, ainsi que les marchandises).

Tous lesquels objets ci-dessus détaillés, appartenant au sieur V...., ont été par lui livrés, à l'instant, au sieur M.... qui reconnaît les avoir en sa possesion pour faire et en disposer à sa volonté, ainsi qu'il avisera, comme de chose à lui appartenant présentement.

Ladite vente est faite moyennant le prix et somme de.... fr. que le sieur M.... à payé à l'instant à M. V..., qui le reconnaît et en donne d'autant quittance et décharge.

Fait et signé double après lecture, l'an et jour susdits.

(Signatures avec approbation).

(Si la livraison ne se faisait au moment de la vente et que le paiement fût à termes, il faudrait insérer cette clause.)

Tous les meubles présentement vendus, ci-dessus détaillés et désignés, seront livrés par le sieur V.... à son domicile, le.... prochain, à M. M... pour être à sa disposition, les enlever, en faire et disposer de la manière qu'il avisera, comme de chose à lui appartenant en propriété.

La présente vente est faite pour le prix et somme de... fr., que le sieur M... s'oblige à payer au sieur V... ou à son domicile; en trois termes et paiemens égaux, le premier le..., le deuxième le...., et le troisième et dernier le...; pour solde; sur les quittances qui lui seront données par le sieur V...; ces paiemens étant effectués, le sieur M... sera valablement quitte et déchargé du prix de ladite vente, et le double de la vente lui sera remis.

Fait et signé double après lecture faite, l'an et jour susdits.

Prescription.

2279. *Code civ.* En fait de meubles, la possession vaut titre. — Néanmoins, celui qui a perdu, ou auquel il a été volé une chose peut la revendiquer pendant trois ans, à compter de la perte ou du vol, contre celui dans les mains duquel il la trouve; sauf à celui-ci son recours contre celui duquel il la tient.

2280. Si le possesseur actuel de la chose volée ou perdue l'a achetée dans une foire ou dans un marché, ou dans une vente publique, ou d'un marchand vendant des choses pareilles, le propriétaire originaire ne peut se la faire rendre qu'en remboursant au possesseur le prix qu'elle lui a coûté.

Vente de la Coupe d'un Bois taillis.

L'an ... le .., entre les sieurs, domiciliés à ..., soussignés.

A été fait marché au prix, charge, clause et condition suivantes, savoir : ledit sieur vend par le présent au sieur..., qui accepte, sous la caution ci-après, 1° la coupe d'environ... hectares... ares centiares, revenant à ... ares de bois taillis de l'âge de ... sans fourniture ni répétition de surmesure, telle qu'elle se comporte, faisant partie de la plus grande pièce, nommée vulgairement le bois..., situé sur la commune de .. , appartenant audit..., la portion vendue est limitée D. C. D. C. D. B. D. B.

2° Le nombre de 174 chènes étant dans ledit bois taillis vendus, numérotés depuis le numéro 1ᵉʳ jusqu'à celui 174, avec une rouane, les chênes qui sont au bord de l'allée du milieu des quatre allées et tous ceux non marqués :

Lesdits chênes et coupe de bois taillis ci-devant désignés, vendus à la charge par ledit acheteur :

1° De faire abattre lesdits bois cet hiver à coupe blanche, et finir ledit abattis pour le 1ᵉʳ... prochain au plus tard ;

2° De laisser les chènes modernes et anciens baliveaux non marqués comme dessus et 16 nouveaux baliveaux par arpent, et de se conformer au surplus pour ladite exploitation à l'ordonnance des forêts ;

3° De ne pouvoir rien prétendre ni toucher aux lisières de bois qui appartiennent à M..., en vertu de leur héritage qui borne ladite coupe de bois, et ce pour autant qu'ils ont usage d'en couper, et de répondre des frais et dommages qu'on pourrait obtenir contre lui sieur..; vendeur : en cas d'anticipation dudit... qui ne pourra couper ni prétendre prendre aucune portion, hors dans les bois dudit..., non vendus par le présent ;

4° Les bois provenant de cette coupe seront voiturés du côté du midi, à l'endroit le plus convenable pour arriver au chemin, afin de ne pas commettre de dégâts, à peine d'être poursuivis en dommages-intérêts.

La présente vente faite, en outre les clauses ci-devant par et moyennant le prix et somme de ... fr Et, dont moitié a été payée présentement par le sieur ....acheteur , au sieur..., dont quittance , et pour le surplus, qui est de fr. ... c., sera payé par ledit..., acheteur, au sieur .., à son domicile, savoir , la somme de..., le ... prochain, et pareille somme ie... suivant.

Au présent est intervenu le sieur..., domicilié à... , lequel s'est obligé solidairement avec le sieur ... , un d'eux seul pour le tout, au paiement du prix y porté , et à l'exécution des clauses , charges et conditions.

Fait et signé triple , à ... , après lecture, l'an et jour susdits. *(Signature avec approbation.)*

Les lois et réglemens défendent aux propriétaires de bois, 1° d'abattre des arbres futaies épars ou en plein bois , sans déclaration préalable , à peine d'amende *(Décision du* 15 *avril* 1811 *)* ; 2° d'envoyer paître les bêtes à laine dans les bois particuliers (*Ordonnance de* 1669 , *titre* 19 , *article* 13 *)* , 3° de détourner , sous aucun prétexte , les arbres marqués, sur les propriétés particulières, pour le service de la marine. *(Loi,* 9 *floréal an* 11.*)*

Le taillis est réglé en coupes ordinaires de 10 ans au moins , à la charge expresse de laisser 16 baliveaux de l'âge du bois en chaque arpent , entre les anciens et modernes , qui seront pareillement réputés futaies , et, comme tels, réservés dans toutes les coupes ordinaires , sans qu'en aucun cas on puisse y toucher (*Ordonn. de* 1669 , *tit.* 24 , *art.* 3*)*. Les propriétaires et fermiers sont tenus d'en réserver aussi aux coupes ordinaires de futaies, pour en disposer néanmoins à leur profit , après l'âge de 40 ans pour le taillis, et 120 ans pour la futaie. *(Ordonn. de* 1667 *tit.* 20,*art.* 1er.*)*

Administration générale des Forêts.

Troisième
CONSERVATION

—

INSPECTION
de

. . . .

Département
de....
Arrondissement
cantonnal de...
Justice de paix
de....

—

Commune de...

Service forestier
de
la marine

Loi du 9 floréal.
an 11.

Ordonnance
du 28 août 1816.

—

DÉCLARATION

DE VOLONTÉ D'ABATTRE.

Je soussigné..., propriétaire du bois appelé.., situé commune de.. justice de paix de.. arrondissement cantonnal de... département de... déclare être dans l'intention d'abattre dans ce bois la quantité de..., arbres de l'âge, essence et dimensions ci-après désignés, et que je m'oblige, conformément à la loi du 9 floréal an 11, et à l'ordonnance du 28 août 1816, à ne faire exploiter qu'après la visite qui en sera faite dans le délai de six mois, par le contre-maître chargé, dans cet arrondissement, du marte lage des bois propres aux constructions navales, sauf le cas où la visite aurait lieu avant ce délai.

NOMS des bois.	ÉTENDUE du terrain sur lequel se trouvent les arbres déclarés.	NOMBRE D'ARBRES.		GROSSEUR moyenne des arbres prise à 1 mètre du sol.	OBSERVAT.
		Chênes.	Ormes		
	ares. cent. " "	30	40	mètres. cent.	

Présenté à . . le

(Signature du propriétaire.)

VENTE D'IMMEUBLES.

L'an..., le ..., nous soussigné F..., propriétaire, demeurant à..., et M..., demeurant à...,

Avons fait les accords et conventions comme acte synallagmatique ou bilatéral, dont la teneur et conditions sont ainsi qu'il suit :

Que moi F..., de mon gré, franche et libre volonté, et sans force ni contrainte, ai, par le présent, vendu, cédé, quitté et délaissé, dès maintenant et pour toujours, avec garantie de tous troubles, évictions, dettes, charges, hypothèques et autres empêchemens généralement quelconques, sous l'obligation générale et spéciale de tous mes biens meubles et immeubles, présens et à venir,

Au sieur M..., demeurant à ..., acquéreur ou acceptant pour lui, ses héritiers ou ayant cause ;

C'est à savoir les pièces de terre ci-après désignées, au nombre de sept, situées commune de..., canton de..., département de... :

La première, au triège de..., contenant... hectares... ares... centiares, limitée D. C.., D. C.., D. B... et D. B...

La deuxième, au triège de (*comme ci-dessus, continuer jusqu'à la dernière.*

Lesdites pièces de terres labourables en l'état qu'elles sont et se comportent, sans recherche de mesure, fourniture ni répétition de surmesure, soit du plus ou du moins, lequel sortira au profit de l'acquéreur, le tout appartenent au vendeur, au droit de l'acquisition qu'il en a faite du sieur G..., par acte passé devant M^e.., notaire à..., le... (*ou à lui échues de la succession de..., suivant lots et partages en date du...,* etc.)

Pour de la propriété , possession et jouissance être prises par le sieur M..., acquéreur , à l'expiration du bail fait au sieur B... par le vendeur, le... , signé double, enregistré à...., le.... ; et , en attendant , le vendeur s'oblige de payer et tenir compte à l'acqué-reur de l'intérêt de son argent , faisant le principal de la présente vente, à raison de cinq pour cent , intérêt permis par la loi, par chacun an à l'échéance de ce jour, pour commencer le premier paiement dans un an , et continuer jusqu'à la prise de jouissance qui en sera faite par l'acquéreur, à l'époque de... , à laquelle l'intérêt cessera de courir et sera éteint , pour, par l'acquéreur, faire et disposer de la propriété , à ladite époque, comme de chose à lui appartenant , ainsi et de la ma-nière qu'il avisera bien ; en conséquence , le sieur F... le met et subroge dans tous ses droits , noms , raisons et actions.

A l'effet de ce que dessus , nous nous obligeons res-pectivement d'accomplir et exécuter la présente vente en tout son contenu, y affectant en tant que besoin tous nos biens meubles et immeubles , présens et à venir.

Ladite vente est faite moyennant la somme de ... , pour le prix principal d'icelle , laquelle a été à l'instant payée par le sieur M... , acquéreur, en or et argent , espèces sonnantes , au sieur F... , vendeur , qui re-connaît l'avoir reçue ; pour quoi il tient quitte et décharge le sieur M.. dudit prix , dont d'autant quit-tance.

Fait et rédigé double , après lecture , à... , les jour et en susdits. (*Signature avec approbation.*)

(Si les biens ne sont pas affermés , il faudra mettre la convention suivante , et retirer celle ci-dessus.

Pour de la propriété, possession et jouissance desdites pièces de terre en jouir, faire et disposer par ledit acquéreur, à compter de ce jour ; à l'effet de quoi, moi vendeur, subroge l'acquéreur dans tous mes droits, noms, raisons, actions, possessions, priviléges et hypothèques ; et, dans le cas de troubles et évictions, je m'oblige, comme gage spécial, de mettre en propriété et jouissance ledit acquéreur de la même quantité, valeur et bonté de terrain, présentement vendu à dire d'experts-arbitres, choisis par les parties pour en faire le choix et estimation à véritable valeur, et mettre de suite en possession et jouissance l'acquéreur du terrain, dont estimation sera faite sur les propriétés appartenant à moi vendeur, lesquelles pièces seront désignées par les experts-arbitres.

Autre Formule de Vente d'Immeubles.

L'an..., le..., entre les sieurs N... et V..., cultivateurs, et.... son épouse, domiciliés à..., soussignés, a été arrêté ce qui suit :

Que le sieur N... vend, avec toute garantie contre tous troubles, évictions, dettes, charges et hypothèques généralement quelconques,

Au sieur V... et à dame Z..., son épouse, qu'il autorise, demeurant ensemble à..., acquéreurs et acceptans pour eux et leur ayant cause, conjointement et solidairement.

Les biens immeubles en labour ci-après désignés,

Commune de...

Art. 1er. Une pièce de terre, au triége de..., servant de mesure à filasse, plantée d'arbres fruitiers, contenant... hectares... ares... centiares, joignant d'un côté, vers le midi..., d'autre côté, l'article ci-après, d'un bout ; vers le levant..., et d'autre bout plusieurs.

Art. 2. Une pièce de terre, au triège de... ; en nature de labour, contenant... (*comme ci-dessus.*)

Commune de...

Art. 3. Une pièce de terre plantée en luzerne, au triège de..., contenant..., limitée D. C..., D. C..., D. B... et D. B...

Commune de...

Art. 4. Une pièce de terre plantée en landes, etc.

Les biens immeubles dont la désignation précède sont vendus sans, pour les contenances ci-dessus exprimées, aucunes fournitures ni augmentation de prix pour cause de surmesure.

A ce moyen, le plus ou le moins de mesure, s'il y en a, fût-il de plus d'un vingtième, sera au profit ou à la perte des acquéreurs.

Etablissement de la Propriété.

Les biens immeubles vendus appartiennent audit sieur N.., ainsi qu'il le déclare, pour les avoir acquis du sieur G... et de..., son épouse, civilement séparée, quant aux biens, dudit sieur G..., avec autres biens non aliénés par le présent, suivant acte reçu en minute par le notaire résidant à..., le... . dûment enregistré et en forme.

Entrée en Jouissance.

Les acquéreurs auront les réelles propriété, possession et jouissance de ce jour, et, à l'avenir, des biens

immeubles ici aliénés , et dont la désignation précède,
le tout aux lieu et place dudit sieur N..., vendeur,
qui met et subroge les acquéreurs dans tous les droits
de propriété , causes , noms , raisons , actions , priviléges et hypothèques qui lui appartiennent sur les biens
immeubles présentement vendus , s'en dessaisissant au
profit des acquéreurs , sans exception ni réserve , si ce
n'est les fruits existant actuellement aux arbres croissant
sur les biens vendus, desquels fruits le vendeur fait
réserve à son profit.

Remise des Titres.

Le sieur N... promet et s'engage saisir ou aider les
acquéreurs de tous les titres qu'il peut avoir ou qu'il
pourra recouvrer, ce qui est subordonné à sa bonne
foi, concernant la propriété des biens ainsi aliénés.

Les acquéreurs reconnaissent que le sieur N... leur
a remis à l'instant l'acte d'acquisition susdaté , à la
charge par eux d'en aider, et sous récépissé, les diverses
personnes auxquelles le sieur N..., a fait vente de
partie des biens qu'il a , comme dit est , acquis des
sieur et dame G...

Acquit des Impôts.

Les acquéreurs paieront et acquitteront les impôts
pour raison des biens qui leur sont ainsi vendus à
partir du... prochain, et non avant , attendu que ceux
de la présente année restent à la charge du sieur N...

Prix de la Vente.

Cette vente est faite aux conventions qui précèdent ,
en outre moyennant la somme de... fr. de prix principal et pour toutes choses.

Laquelle somme les acquéreurs promettent et s'engagent conjointement et solidairement sans division ni discussion, sous les renonciations aux bénéfices de droit, payer audit N..., vendeur à..., en son domicile, savoir : la somme de... fr. le... prochain ; celle de... fr le... prochain ; et enfin celle de... le...

Au paiement de laquelle somme dans les termes ci-dessus fixés, les biens immeubles ici vendus demeurent affectés et hypothéqués par privilége spécial expressément réservé au vendeur.

Ventilation.

Du prix principal de cette vente il s'en applique la somme de... fr. pour la valeur de la pièce de terre située sur la commune de... désignée en l'article... ci-dessus, et le surplus pour la valeur des autres pièces.

Déclaration d'Emploi.

Le sieur V... et ladite..., son épouse, déclarent qu'ils se libéreront du prix de leur présente acquisition, savoir : la femme V... pour la somme de... fr. à elle provenant et faisant le prix de la vente qu'elle a faite, autorisée de son mari, au sieur B... demeurant à..., de biens immeubles provenant du chef de..., suivant contrat passé en minute devant M^e..., notaire à... le...

En conséquence, ledit sieur V..., et ladite... promettent et s'engagent à faire insérer dans les quittances que leur donnera le sieur N..., leur vendeur, toutes choses utiles et convenables, tendant non-seulement à prouver l'origine des deniers, mais même pour opérer en faveur de ladite femme... le remploi de ses propres aliénés, et qu'en outre ledit sieur V... ait et acquiert toutes sûretés sur les biens immeubles, comme dit est, acquis en remploi de ceux de ladite femme, vendus audit sieur par le contrat ci-dessus daté ; ce qui est consenti par ledit sieur V..., et formellement et expressément accepté par ladite..., son épouse, qui renonce à jamais aucunement troubler, inquiéter ni rechercher ledit sieur V... dans l'effet de son acquisition dudit jour.

Et ledit sieur V..., pour une somme de... fr. de ses propres deniers.

De cette déclaration d'emploi, il résulte que ladite femme V.... est acquéreur par indivis dans les biens immeubles ci-dessus désignés jusqu'à concurrence de la somme de... fr., et ledit sieur V..., son mari, jusqu'à celle de... fr.

Transcription, inscription.

Les acquéreurs pourront, si bon leur semble, faire transcrire le présent acte, mais à leurs frais, aux bureaux des hypothèques dans l'arrondissement desquels les biens immeubles sus-désignés sont situés ; et si lors de cette transcription, il existe des inscriptions, ou qu'il survienne, en temps de droit (procédant du fait dudit N... et ceux des sieur et dame G..., ses vendeurs, portant au surplus celui-là toute garantie aux acquéreurs, en cas qu'ils fussent troublés) ledit sieur M..., promet et s'engage d'en fournir aux acquéreurs mainlevée et certificat de radiation dans la quinzaine de la dénonciation qu'ils lui en feraient faire, et de leur en rembourser les frais qu'elles auraient occasionés, à peine, etc.

Malgré l'obligation ci-dessus contractée par le vendeur de fournir main-levée et certificat de toute inscription frappant les biens ici aliénés, comme dit est,
procédant du fait dudit.... et ceux desdits sieur et
dame...., ses vendeurs, il est néanmoins convenu qu'ar-
rivant le cas où les acquéreurs seraient troublés dans la
jouissance de la pièce de terre située à..., et désignée en
l'acte qui précède, ledit sieur N... ferait tout ce qui serait
en son pouvoir pour empêcher ce trouble ; mais que ne
pouvant y parvenir, il répéterait de suite aux acquéreurs
qui l'acceptent, en numéraire métallique, la somme
de.... fr.

Déclaration par le Vendeur.

Ledit sieur N..., vendeur, déclare, 1° qu'il n'est
tuteur d'aucuns mineurs, ni curateur d'aucuns interdits;
2° que..., son épouse, a une hypothèque légale sur ses
biens, pour raison de ses apports mobiliers, dont il
n'a pas fait faire ni requis l'inscription sur borde-
reaux.

En conséquence, les acquéreurs pourront, s'ils avisent
que bien soit, mais à leurs frais, remplir les formalités
voulues par la loi pour en purger cette hypothèque légale.

Et depuis il est convenu que l'acte d'acquisition,
devant énoncé, reste en la possession du sieur N....,
vendeur, qui promet et s'engage d'en aider les acquéreurs à toute réquisition et sous récépissé.

Les frais de cet acte seront payés par les acquéreurs.

C'est ainsi que les parties sont de tout ce qui précède
convenues et restées d'accord.

Dont acte, qui sera passé et renouvelé devant notaire à la première réquisition des parties.

Fait et signé double, après lecture, à..., le..., les jour et an susdits.

(Signatures avec approbation).

Vente d'une maison et Transport de Rente.

L'an...; le..., entre les soussignés, il a été convenu et arrêté ce qui suit :

Que le sieur L... et..., son épouse, qu'il autorise à l'effet des présentes, demeurant ensemble en la ville de...

Déclarent, par ses présentes, vendre, céder, transporter et abandonner dès maintenant et pour toujours, promettent et se sont obligés solidairement, sans division, sous les renonciations au bénéfice de discussion, garantir et défendre, savoir, pour l'immeuble ci-après désigné, de tous troubles, dons, douaires, dettes, hypothèques, inscriptions, évictions, et pour la rente en principal et arrérages aussi ci-après exprimés, de toutes saisies et oppositions, et enfin de tous autres empêchemens généralement quelconques, sous la garantie et l'obligation de tous leurs autres biens, et sous celle spéciale de l'objet ci-après désigné.

Au sieur G..., demeurant à..., acceptant acquéreur et transportuaire, pour lui, ses héritiers et ayant cause :

1° Une partie de maison, sise en la ville de..., composée d'une cuisine à cheminée, une chambre froide, deux autres à feu avec alcove, une cave y attenant, sur laquelle un petit grenier, une allée et une petite cour contenant environ douze mètres carrés, le tout B. D.

C. M..., D. C..., D. B. les vendeurs, et D. B. la grande route de..., sur le bord de laquelle donnent lesdits bâtimens;

2° La somme de 50 fr. de rentes annuelle et perpétuelle, au capital de 1000 fr., payable tous les ans, en deux termes et paiemens égaux, les... en laquelle s'est constitué le sieur D..., demeurant à..., qui en est encore débiteur envers et au profit du sieur L..., suivant acte passé devant Mᵉ..., notaire à..., le..., pour sûreté de laquelle inscription a été prise au bureau des hypothèques D..., le..., vol..., n°..., au profit du sieur L...., contre le sieur D...

Ainsi que ladite partie de la maison, en circonstances et dépendances, présentement vendue, se poursuit et comporte, sans aucune exception ou réserve.

Appartenant, ladite partie de maison vendue auxdits sieur et dame L..., au moyen de l'acquit que ceux-ci en ont fait, avec une autre partie, qu'ils conservent du sieur V..., suivant acte passé devant Mᵉ..., notaire à..., le..., enregistré le..., moyennant, entre autres prix, charges et conditions, la somme de 100 fr. de rente foncière et perpétuelle, au capital de 2,000 fr.. exempte de retenue.

Pour, par ledit sieur G..., jouir faire et disposer de ladite partie de maison, en circonstances et dépendances, et ladite rente en principal et arrérages, en toute propriété, et comme de chose lui appartenant totalement, à commencer de ce jour,

Et en avoir la jouissance, savoir :

De ladite partie de maison, à commencer de ce jour, et des arrérages de ladite rente par la perception à son

profit que le sieur G... en fera du sieur D... des six
ois à éhoir au jour de ...

Aux fins desquelles propriétés et jouissances le sieur
L... et son épouse, ont mis le sieur G..., acquéreur
et transportuaire, en leur lieu et place, et subrogé
dans tous les droits, noms, raisons, actions et possessions, priviléges et hypothéques qu'ils avaient sur lesdites parties de maison et rentes vendues et transportées
au présent, et ils se sont obligés d'aider au besoin,
toutesfois et quantes, sous récépissé, le sieur G... de
leur contrat d'acquêt sus-daté, qu'ils conservent en
leurs mains, attendu qu'il concerne la propriété d'une
autre partie de maison dont ils restent propriétaires,
promettant de lui remettre sous quinzaine, grosse
exécutoire de l'acte créatif de ladite rente devant
énoncée,

Aux charges par l'acquéreur qui s'y oblige :

1° De supporter les servitudes passives dont ladite
partie de maison vendue peut être grevée, parce qu'il
s'éjouira de celles actives qui peuvent y être attachées
et en dépendre;

2° De souffrir la jouissance de ladite partie de maison, aux personnes qui justifieront y avoir droit par
titre en forme, parce que dans ce cas, il en recevra les
loyers, à commencer par ceux qui seront dus à la première échéance, ou autrement de s'arranger avec elles
comme il avisera bien à cet égard, mais arrière des
vendeurs, et en faisant en sorte qu'ils n'en éprouvent la
plus légère inquiétude.

3° D'acquitter la contribution foncière de ladite partie
de maison à compter du...;

4° Et de payer les frais et droits du présent acte, son enregistrement, et le dépôt qui en sera fait ultérieurement.

Les présentes vente et transport sont ainsi faits, en outre des charges et conditions ci-dessus, moyennant la somme de 2,200 fr., dont 1,200 fr. pour la partie de maison, et 1,000 francs pour la rente de 50 francs en principal et arrérages, sur laquelle somme de 2,200 fr., ledit sieur G... a présentement payé comptant aux sieur et dame L..., qui s'en sont saisis, dont d'autant quittance;

Et quant au 2,000 fr. de surplus, ils sont et demeurent compensés entre les vendeurs et l'acquéreur contre pareille somme pour le capital d'une rente de 100 fr. dont les sieurs et dame L... sont débiteurs envers M. G..., par contrat passé devant M°... notaire à..., le..., au moyen de quoi le sieur G... est totalement libéré du prix des vente et transport à lui faits par le présent, par les sieur et dame L..., et ces derniers sont entièrement quittes et libérés de ladite rente de 100 fr. au capital de 2,000 dont les sieur et dame L... étaient tenus envers le sieur G..., ainsi qu'il est ci-devant dit, pourquoi à cet égard ils se donnent quittance respective.

Néanmoins, les inscriptions qui auraient pu être prise par le sieur V... au bureau des hypothèques de..., pour sûreté de la rente de 100 fr. en principal et arrérages, dont franchissement par compensation vient de s'opérer au présent, tiendra état jusqu'à la transcription et purgation légale du présent acte. Ces formalités remplies, les sieur et dame L... en apporteront main-levée et certificat de radiation, ainsi que toutes **autres inscriptions et oppositions,**

Les sieur et dame L... accordent au sieur G... et à, ses représentans à toujours, par chez eux et par-dessus la partie de maison qu'ils conservent, droit de passage et tour d'échelle, conformément à la loi, sur leur terrain seulement, pour réparer, toutefois que besoin sera la partie de maison présentement vendue ; de son côté ledit sieur G... accorde droit aux sieur et dame L... d'appuyer et bâtir sur le bout de la chambre faisant partie de la maison vendue.

A la sûreté et garantie de la présente vente et transport, les sieurs et dame L... ont affecté et hypothéqué le surplus de la maison vendue au présent dont ils restent propriétaires, consistant en deux creux de bâtimens et en un jardin, le tout tenant D. C... et D. B... à ladite partie de la maison vendue ;

Sur lesquels ils consentent que le sieur G... prenne à ses frais inscription en garantie au bureau des hypothèques de..., dans l'arrondissement duquel ils sont situés.

Dont acte, qui sera passé toutefois et quantes devant notaire, aux frais de l'acquéreur, fait et signé double après lecture, à..., l'an et jour susdits.

Nota. Une maison doit être délivrée avec les clefs des portes et autres articles qui en dépendent, les titres, les plans et autres renseignemens sont aussi des accessoires, mais le vendeur n'est pas tenu d'en donner d'autres que ceux énoncés au contrat. (*Arrêt. Paris du 27 mai 1808,*) 1605. Code civ.

Formalités à observer pour la vente d'Immeubles.

Les actes sous seing-privé contenant vente d'immeubles peuvent être transcrits sur les registres du bureau des hypothèques du lieu où dépendent les biens pour conserver le privilége : ainsi décidé par avis du conseil d'état du 3 floréal an 13, approuvé le 12, conçu en ces termes :

« Le conseil d'état entendu , etc. ,

« Considérant qu'aucune disposition précise ne s'oppose à ce qu'un acte de vente sous signature privée, revêtu de la formalité de l'enregistrement , soit transcrit sur les registres du conservateur des hypothèques ; que cette transcription n'a d'autre effet que d'annoncer aux personnes intéressées que la propriété d'un immeuble a passé d'une main dans une autre , et qu'il n'y aurait pas de motifs pour prohiber les annonces du changement qui se serait opéré par acte sous signature privée, quand il est permis d'aliéner de cette manière ;

« Qu'on ne peut tirer aucune induction contraire de ce que l'inscription à l'effet d'acquérir hypothèque ne peut avoir lieu que sur le vu d'une expédition authentique du jugement ou de l'acte qui constitue hypothèque ;

Qu'enfin , lors de la discussion du titre du Code civil, des priviléges et hypothèques , la question fut proposée au conseil d'état , et qu'il parut si évident qu'on pouvait transcrire un acte sous signature privée , qu'on jugea superflu de faire une disposition pour le permettre, comme on peut s'en convaincre par la lecture du procès-verbal , séance du 10 ventôse an 12, (1er *mars* 1804). »

Conséquemment, on peut mettre à la transcription un acte sous seing-privé portant quittance du prix des biens vendus.

Si le prix n'est pas payé comptant, qu'il soit à termes , le conservateur pourrait refuser la transcription jusqu'à ce que les signatures apposées à l'acte sous seing-privé soient reconnues en justice ou que le dépôt en ait été fait devant notaire, attendu que, d'après l'art. 2108 du Code civil, le vendeur privilégié conserve son privilége par la transcription du titre qui a transféré la propriété à l'acquéreur, et qui constate que la totalité ou partie du prix lui est due, à l'effet de quoi la transcription du contrat faite par l'acquéreur vaudra inscription pour le vendeur.

Attendu que, par le même article, le conservateur des hypothéques est tenu, sous peine de tous dommages et intérêts envers les tiers, de faire d'office l'inscription sur son registre des créances résultant de l'acte translatif de propriété ; que cette inscription ne peut avoir lieu, faute d'authenticité de l'acte, il convient donc préalablement, de faire reconnaitre les signatures par un jugement, en conformité des articles 2123 et 193 du Code de Procédure civile, ou par un dépôt de l'acte devant notaire. (*Art.* 2127 *Code civ.*)

Lorsque le prix a été payé comptant, on est dispensé de ces formalités. Il y a lieu à transcription, comme il est expliqué plus haut.

De la Délivrance des Immeubles après la Vente.

1615. L'obligation de délivrer la chose comprend ses accessoires et tout ce qui a été destiné à son usage perpétuel.

1616. Le vendeur est tenu de délivrer la contenance telle qu'elle est portée au contrat, sous les modifications ci-après exprimées.

1617. Si la vente d'un immeuble a été faite avec indication de la contenance, à raison de tant la mesure, le vendeur est obligé de délivrer à l'acquéreur, s'il l'exige, la quantité indiquée au contrat ; — Et si la

chose **ne** lui est pas possible , ou si l'acquéreur ne
l'exige pas , le vendeur est obligé de souffrir une diminution proportionnelle du prix.

1618. Si , au contraire , dans le cas de l'article précédent , il se trouve une contenance plus grande que
celle exprimée au contrat , l'acquéreur a le choix de
fournir le supplément du prix , ou de se désister du
contrat , si l'excédant est d'un vingtième au-dessus de
la contenance déclarée.

1619. Dans tous les autres cas , — Soit que la vente
soit faite d'un corps certain et limité , — Soit qu'elle ait
pour objet des fonds distincts et séparés , — Soit
qu'elle commence par la mesure , ou par la désignation
de l'objet vendu suivie de la mesure , — L'expression
de cette mesure ne donne lieu à aucun supplément de
prix en faveur du vendeur , pour l'excédant de mesure,
ni en faveur de l'acquéreur , à aucune diminution du
prix pour moindre mesure qu'autant que la différence
de la mesure réelle à celle exprimée au contrat est d'un
vingtième en plus ou en moins , eu égard à la valeur
de la totalité des objets vendus , s'il n'y a stipulation
contraire.

1620. Dans le cas où , suivant l'article précédent ,
il y a lieu à augmentation de prix pour excédant de
mesure , l'acquéreur a le choix ou de se désister du
contrat , ou de fournir le supplément du prix , et ce
avec les intérêts , s'il a gardé l'immeuble.

1621. Dans tous les cas où l'acquéreur a le droit de
se désister du contrat , le vendeur est tenu de lui restituer , outre le prix , s'il l'a reçu , les frais de ce contrat.

1622. L'action en supplément de prix de la part du
vendeur , et celle en diminution de prix ou en résilia-

tion du contrat de la part de l'acquereur, doivent être intentées dans l'année, à compter du jour du contrat, à peine de déchéance.

1623. S'il a été vendu deux fonds par le même contrat, et pour un seul et même prix, avec désignation de la mesure de chacun, et qu'il se trouve moins de contenance en l'un et plus en l'autre on fait compensation jusqu'à due concurrence; et l'action, soit en supplément, soit en diminution du prix, n'a lieu que suivant les règles ci-dessus établies.

1624. La question de savoir sur lequel, du vendeur ou de l'acquéreur, doit tomber la perte ou la détérioration de la chose vendue avant la livraison, est jugée d'après les règles prescrites au titre *des Contrats ou des Obligations conventionnelles en général.*

525. L'espression *biens meubles*, celle de *mobilier*, ou *d'effets mobiliers*, comprennent généralement tout ce qui est censé meubles d'après les règles ci-dessus établies. — La vente ou le don d'une maison meublée ne comprend que les meubles meublans.

558. La vente ou le don d'une maison avec tout ce qui s'y trouve ne comprend pas l'argent comptant ni les dettes actives et autres droits dont les titres peuvent être déposés dans la maison; tous les autres effets mobiliers y sont compris.

Vente de Droits d'Hérédité.

L'an..., le..., entre les soussignés, J... et..., son épouse, qu'il autorise à l'effet des présentes, demeurant ensemble en la commune de...,

Lesquels, après ladite...., femme, qui a dit agir librement, et sans y être induite ni contraire, ont, par ces présentes, vendu, quitté, cédé et abandonné, dès maintenant et à toujours, avec promesse de faire valoir et garantir de tous troubles, évictions, dons, douaire, dettes, hypothèques et autres empêchemens généralement quelconques, conjointement et solidairement ensemble, un d'eux seul pour le tout, sans division, discussion ni fidéjussion,

A M. D..., propriétaire, et..., demeurant à..., ce acceptant, et acquéreur pour lui, ses successeurs et ayant-droit.

Les droits successifs et héréditaires appartenant pour un huitième à..., femme du sieur J..., dans les successions échues, tant mobilières qu'immobilières, de...» ses père et mère, en général et sans aucune réserve, en quoi qu'ils puissent consister; lesquels biens immeubles provenus desdites successions consistent en maison, bâtimens, masures, terres labourables et prairies, situés tant en ladite commune de..., qu'en celle de... la désignation desquels par contenance, triége, bouts et côtés, n'a été requise en ces présentes, les parties ayant déclaré les bien connaître et être instruites à suffire.

Desquels droits successifs et héréditaires pour un huitième, vendus par ces présentes par lesdits J..., mariés, ledit acquéreur va jouir, faire et disposer propriétairement, de ce jour, à l'avenir, au lieu et place et à la subrogation des droits, noms, raisons, actions et possessions desdits J..., mariés, qui s'en démettent et dessaisissent en faveur dudit sieur D..., acquéreur, pourquoi ils l'autorisent de faire lots et partages avec leurs cohéritiers desdites successions.

La présente vente et cession ainsi faite moyennant 1° l'engagement entrepris par l'acquéreur de payer à partir du..., et à l'avenir, les contributions auxquelles le huitième des objets vendus est et se trouvera in.posé;

2° L'obligation contractée par l'acquéreur de payer le huitième dont sont susceptibles les vendeurs, dans » fr. » c. de rente, de la nature qu'elle est due à celui ou à celle qui justifiera d'un titre en forme et non prescrit, commencera l'acquéreur à acquitter cette rente à la prochaine échéance, et continuera ainsi, d'année en année, et si bien et à temps, que les vendeurs ne puissent être inquiétés ni recherchés en principal et arrérages à l'avenir.

3° Aussi l'obligation contractée par l'acquéreur de payer le huitième dont sont susceptibles les vendeurs dans les droits d'enregistrement de la succession dudit.., décédé le...; la part qu'en doivent les vendeurs, déclarée pouvoir s'élever à » fr. » c.;

4° La somme de » fr. » c. de principal francs deniers venant au vendeurs, laquelle somme l'acquéreur leur paiera et s'oblige à leur payer le... prochain, sans intérêts jusqu'à cette époque, et ce d'après que le dit J..., vendeur, lui aura fourni bon et valable remplacement de pareille somme en fonds d'héritages, situés dans l'arrondissement de..., franc et quitte de toutes dettes et hypothéques.

Au paiement de laquelle susdite somme de... l'acquéreur oblige tous ses biens actuels et futurs, les objets par lui acquis y demeurant spécialement et en privilége affectés et hypothéqués, et sur lesquels il consent toute inscription hypothécaire pour sûreté du paiement de la susdite somme.

pourra l'acquéreur s'il le juge convenable, faire transcrire ces présentes au bureau de la conservation des hypothèques de..., à l'effet de consolider son acquisition.

Seront, les frais des présentes et autres en résultant, à la charge de l'acquéreur, étant les parties ainsi convenues et demeurées d'accord.

Tous pouvoirs sont donnés au sieur D... de faire signifier le présent acte à qui besoin sera.

Le présent sera passé et renouvelé devant notaire à la première réquisition des vendeurs, également aux frais de l'acquéreur, qui sera tenu de remettre grosse exécutoire.

Fait et signé double, après lecture, à... les jour et an susdits. *(Signatures avec approbation.)*

Faire enregistrer cet acte et le signifier par huissier aux héritiers en la personne de l'un d'eux, chargé de le faire savoir à ses cohéritiers, pour faire connaître la qualité de cessionnaire et venir à partage, avec défense d'y procéder hors sa présence et sans l'y appeler, et sans protester contre tout ce qui serait fait au préjudice : cette signification est exigée par les *art.* 1690 *et* 1691 *du code Civil*

1690. Le cessionnaire n'est saisi à l'égard des tiers que par la signification du transport faite au débiteur. — Néanmoins le cessionnaire peut être également saisi par l'acceptation du transport faite par le débiteur dans un acte authentique.

1691. Si avant que le cédant ou le cessionnaire eût signifié le transport au débiteur, celui-ci avait payé le cédant, il sera valablement liquidé.

Le cessionnaire peut être écarté du partage, en lui remboursant le prix de la cession (*art.* 841 *du Code civ.*), à moins que ce soit un cohéritier.

841. Toute personne, même parente du défunt, qui n'est pas son successible, et à laquelle un cohéritier aurait cédé son droit à la succession, peut être écartée du partage, soit par tous les cohéritiers, soit par un seul, en lui remboursant le prix de la cession.

Rescision en matière de Partage.

889. L'action n'est pas admise contre une vente de droit successif faite sans fraude à l'un des cohéritiers, à ses risques et périls, par ses autres cohéritiers ou par l'un d'eux.

On ne peut vendre la succession d'une personne vivante, même de son consentement. (*Art.* 1600 *du C. civ.*)

Celui qui vend une hérédité, sans en spécifier en détail les objets, n'est tenu de garantir que sa qualité d'héritier (1696).

780. La donation, vente ou transport que fait de ses droits successifs un des cohéritiers, soit à un étranger, soit à tous ses cohéritiers, soit à quelques-uns d'eux, emporte de sa part acceptation de la succession. — Il en est de même, 1° de la renonciation, même gratuite, que fait un des cohéritiers au profit d'un ou de plusieurs de ses cohéritiers ; — 2° de la renonciation qu'il fait même au profit de ses cohéritiers indistinctement, lorsqu'il reçoit le prix de sa renonciation.

1697. S'il avait déjà profité des fruits de quelque fonds ou reçu le montant de quelque créance appartenant à cette hérédité, ou vendu quelques effets de la succession, il est tenu de les rembourser à l'acquéreur, s'il ne les a expressément réservés lors de la vente.

1698. L'acquéreur doit de son côté rembourser au vendeur ce que celui-ci a payé pour dette et charge de la succession, et lui faire raison de tout ce dont il était créancier, s'il n'y a stipulation contraire.

888. L'action en rescision est admise contre tout acte qui a pour objet de faire cesser l'indivision entre cohéritiers, encore qu'il fût qualifié de vente, d'échange et de transaction, ou de toute autre manière. — Mais après le partage, ou l'acte qui en tient lieu, l'action en rescision n'est plus admise contre la transaction faite sur les difficultés réelles que présentait le premier acte, même quand il n'y aurait pas eu à ce sujet de procès commencé.

CHAPITRE VIII.

DE L'ÉCHANGE.

1702. *Code civ.* L'échange est un contrat par lequel les parties se donnent respectivement une chose pour une autre.

1703. L'échange s'opère par le seul consentement, de la même manière que la vente.

1704. Si l'un des copermutans a déjà reçu la chose à lui donnée en échange, et qu'il prouve ensuite que l'autre contractant n'est pas propriétaire de cette chose, il ne peut pas être forcé à livrer celle qu'il a promise en contre échange, mais seulement à rendre celle qu'il a reçue.

1705. Le copermutant qui est évincé de la chose qu'il a reçue en échange a le choix de conclure à des dommages et intérêts, ou de répéter sa chose.

1706. La rescision pour cause de lésion n'a pas lieu dans le contrat d'échange.

1707. Toutes les autres règles prescrites pour le contrat de vente s'appliquent d'ailleurs à l'échange.

Actes d'échange de Propriétes.

Du... de l'an..., entre le sieur V..., demeurant à..., et le sieur M... domicilié à...,

Il a été arrêté l'échange ci-après, savoir : que le sieur V... cède et abandonne au sieur M... toutes les terres qu'il a acquises en la commune de... et vendues au nom du gouvernement comme confisquées sur l'émigré C..., suivant adjudication du..., faite au sieur B... qui les a retrocédées au sieur V..., par acte passé devant M⁰ Z..., notaire à..., le...,

Et le sieur M... cède et abandonne les terres qu'il a acquises du gouvernement, sises en la commune de..., confisquées sur V..., suivant adjudication du...

Les parties ayant déclaré bien connaître les objets réciproquement cédés, elles ont bien voulu se passer de désignation, et elles se sont aussi réciproquement remises aux mains les actes d'adjudication qui en con-

5..

tiennent le détail, ainsi que les quittances finales du receveur des domaines nationaux à...

Les conditions du présent échange, qui est pur et simple, sont que chacun entrera en jouissance par la récolte prochain ou par les fermage représentatifs, que chacun paiera ou acquittera la contribution foncière à compter de l'an..., y compris, comme aussi que tous les labours donnés aux terres cédées seront payés à ceux qui les ont faits, et ce, aussi réciproquement de manière que le sieur V... paiera les labours donné aux terres que lui cède le sieur M..., et celui-ci ceux donnés aux terres que cède le sieur V...

Le sieur V... aidera au besoin le sieur M... de l'acte notarié dont a été parlé, le sieur V... le retenant en ses mains parce qu'il contient la cession d'objets non compris au présent ; et au surplus, ils demeurent obligés de s'aider réciproquement de tous actes nécessaires à cause des fermages dus jusqu'à ce moment.

Par ce moyen chacune des parties devient dès ce jour propriétaire incommutable de l'objet à elle cédé.

Le présent acte sera, à la première réquisition, enregistré et déposé devant notaires, à communs frais.

Dont et du tout lesdites parties sont convenues et demeurées d'accord, sous la simple garantie de leurs faits et promesses ; en conséquence, elles ont signé au présent fait double, après lecture, à..., l'an et jour susdits. *(Signatures, avec approbation.)*

(Si l'échange est fait avec retour, on en fera mention dans l'acte.

Dans un échange qui a été consommé, lorsque l'un des copermutans prouve que la chose par lui reçue appartient pas à l'autre contractant, il ne peut, tant qu'il n'est pas troublé dans sa possession, contraindre celui-ci à restituer la chose qu'il a livrée en contre-échange, *(Cass. sect. civ.* 11 *décembre* 1815. *Pal.* ... , *de* 1816, *p.* 516.)

TRANSPORT DE CRÉANCE ET DE RENTE.

1689. Dans le transport d'une créance, d'un droit ou d'une action sur un tiers, la délivrance s'opère entre le cédant et le cessionnaire par la remise du titre.

1692. La vente ou cession d'une créance comprend les accessoires d'une créance, tels que caution, privi-lège et hypothèque.

1693. Celui qui vend une créance ou autre droit in-corporel doit en garantir l'existence au temps du trans-port, quoiqu'il soit fait sans garantie.

1694. Il ne répond de la solvabilité du débiteur que lorsqu'il s'y est engagé, et jusqu'à concurrence seule-ment du prix qu'il a retiré de la créance.

1695. Lorsqu'il a promis la garantie de la solvabilité du débiteur, cette promesse ne s'entend que de la solvabilité actuelle, et ne s'étend pas au temps à venir, si le cédant ne l'a expressément stipulé.

Transport de Créance.

Le..., l'an...,

Entre les sieurs S.., , domiciliés à..., et T..., de-meurant à..., soussignés,

A été convenu ce qui suit :

Que le sieur S... déclare par le présent céder et transporter, avec promesse de bonne et valable garan-

tie , et même avec obligation de payer , à défaut
d'exécution de la part du débiteur ci-après nommé ,
après simple mise en demeure et insolvabilité ,

A M. T... , ce acceptant ,

La somme de » fr. » c., que ledit sieur T... garan-
tit avoir droit de demander et prétendre sur M. V.. ,
pour cause de... ; plus , les intérêts que ladite somme
a produits , et ce qu'elle produira jusqu'au remboursement , sans aucune exception ni réserve (ou à prendre et recevoir de M. V... , suivant acte , *etc.*)

Pour , par mondit sieur T.. , être et demeurer propriétaire du tout , à compter de ce jour , au lieu et
place du cédant , qui le met et subroge dans tous ses
droits , noms , raisons et actions , possessions , priviléges et hypothéques , s'en dessaisissant au profit du
sieur T...

Ce transport est ainsi fait et consenti moyennant la
somme de » fr. » c. que M. S.... reconnaît avoir reçue
à l'instant , en argent , de M. T... , en bonnes espèces,
pour quoi quittance.

Pour faire signifier le présent , tous pouvoirs nécessaires et suffisans sont donnés à M. T... : le coût du
timbre et enregistrement du présent sont à sa charge ;
dont acte , à... , les jour et an susdits , signé lecture
faite.　　　　　(*Signature, avec approbation.*)

Il est besoin d'un double , dans le cas où le prix du
transport ne serait pas acquitté , pour rester aux mains
du cédant.

Transport de Rentes.

(*Même intitulé.*)

Lequel sieur B... déclare , par le présent , vendre , céder , transporter , sous toute garantie de fait et de droit.

Au sieur C.. , acceptant pour lui , ses successeurs ou ayant-cause.

La somme de » fr. de rente annuelle et hypothécaire, exempte d'impositions , échéant le... ,

A prendre et avoir sur le sieur G... , demeurant à.. , qui l'a créée au profit dudit sieur B... , moyennant le capital de » fr. » c. , suivant acte passé devant M⁰.. , notaire à... le... , spécialement affectée et hypothéquée sur la maison dudit sieur G... , sise à... , en circonstances et dépendances , qu'il a déclaré lui appartenir , suivant l'acquisition qu'il en a faite du sieur... , par acte passé devant M⁰.. , notaire à... , le... ,

Pour , par le sieur C... , en avoir la propriété , possession et jouissance , dès ce jour , et en percevoir même les arrérages tant dus et échus qu'à échoir , le tout au lieu et place du sieur B... , qui le met et subroge en tous ses droits , possessions , privilèges et hypothèques , notamment dans l'effet de l'inscription par lui prise , en vertu desdits actes , au bureau des hypothèques de... : le... , volume... , nº... ;

En conséquence , le sieur B... a remis à l'instant au sieur C... la grosse du titre de création et le bordereau d'inscription.

Le présent transport est fait moyennant la somme
de » fr. » c., payée en argent par le sieur C... au sieur
B..., qui reconnaît s'en être saisi, dont quittance

Fait et signé à..., après lecture, l'an et jour susdits.

(Signature, avec approbation.)

Ces actes enregistrés, il faut les faire signifier par
huissier aux débiteurs, avec défense de payer en
d'autres mains qu'en celles des cessionnaires : cette
formalité est exigée par les art. 1690 et 1691, déjà
cités, pour se garantir des oppositions ou saisies-arrêts
qui pourraient être faites par les créanciers du cédant,
ou d'un nouveau transport, qui aurait la préférence
s'il était signifié avant le premier.

CHAPITRE IX.

ACTES DE LOUAGE.

*Baux de Maisons et de Biens ruraux ; Louage d'Ou-
vriers, de Voituriers ; Devis et Marchés ; Bail à
Cheptel.*

1714. *Cod. civ.* On peut louer ou par écrit, ou
verbalement.

1715. Si le bail fait sans écrit n'a encore reçu aucune
exécution, et que l'une des parties le nie, la preuve
ne peut être reçue par témoins, quelque modique

qu'en soit le prix, et quoiqu'on allègue qu'il y a eu des arrhes données. — Le serment peut seulement être déféré à celui qui nie le bail.

1716. Lorsqu'il y aura contestation sur le prix du bail verbal dont l'exécution a commencé, et qu'il n'existera point de quittance, le propriétaire en sera cru sur son serment, si mieux n'aime le locataire demander l'estimation par experts; auquel cas les frais de l'expertise restent à sa charge, si l'estimation excède le prix qu'il a déclaré.

1717. Le preneur a le droit de sous-louer, et même de céder son bail à un autre, si cette faculté ne lui a pas été interdite. — Elle peut être interdite pour le tout ou partie. — Cette clause est toujours de rigueur.

1718. Les articles du titre *du Contrat de Mariage et des Droits respectifs des Epoux*, relatifs aux baux des biens des femmes mariées, sont applicables aux baux des biens des mineurs.

1719. Le bailleur est obligé, par la nature du contrat, et sans qu'il soit besoin d'aucune stipulation particulière, — 1° de délivrer au preneur la chose louée; — 2° d'entretenir cette chose en état de servir à l'usage pour lequel elle a été louée; — 3° d'en faire jouir paisiblement le preneur pendant la durée du bail.

1720. Le bailleur est tenu de délivrer la chose en bon état de réparations de toute espèce. — Il doit y faire pendant la durée du bail, toutes les réparations qui peuvent devenir nécessaires, autres que les locatives.

1721. Il est dû garantie au preneur pour tous les vices ou défauts de la chose louée qui en empêchent l'usage, quand même le bailleur ne les aurait pas

connus lors du bail. — S'il résulte de ces vices ou de-
fauts quelque perte pour le preneur, le bailleur est
tenu de l'indemniser.

1722. Si pendant la durée du bail, la chose louée
est détruite en totalité par cas fortuit, le bail est résilié
de plein droit ; si elle n'est détruite qu'en partie,
le preneur peut, suivant les circonstances, demander
ou une diminution du prix, ou la résiliation même du
bail. Dans l'un et l'autre cas, il n'y a lieu à aucun dédommagement.

1723. Le bailleur ne peut, pendant la durée du
bail, changer la forme de la chose louée.

1724. Si durant le bail, la chose louée a besoin de
réparations urgentes et qui ne puissent être différées
jusqu'à sa fin, le preneur doit les souffrir, quelque
incommodité qu'elles lui causent, et quoiqu'il soit privé, pendant qu'elles se font, d'une partie de la chose
louée. — Mais, si ces réparations durent plus de quarante jours, le prix du bail sera diminué à proportion
du temps et de la partie de la chose louée dont il aura
été privé. — Si les réparations sont de telle nature
qu'elles rendent inhabitable ce qui est nécessaire au
logement du preneur et de sa famille, celui-ci pourra
faire résilier le bail.

1725. Le bailleur n'est pas tenu de garantir le preneur du trouble que des tiers apportent par voies de
fait à sa jouissance, sans prétendre aucun droit sur la
chose louée, sauf au preneur à les poursuivre en son
nom personnel.

1726. Si, au contraire, le locataire ou le fermier
ont été troublés dans leur jouissance par suite d'une
action concernant la propriété du fonds, ils ont droit

à une diminution proportionnée sur le prix du bail à loyer ou à ferme, pourvu que le trouble et l'empêchement aient été dénoncés au propriétaire.

1727. Si ceux qui ont commis les voies de fait prétendent avoir quelque droit sur la chose louée, ou si le preneur est lui-même cité en justice pour se voir condamner au délaissement de la totalité ou de partie de cette chose, ou à souffrir l'exercice de quelque servitude, il doit appeler le bailleur en garantie, et doit être mis hors d'instance, s'il l'exige, en nommant le bailleur pour lequel il possède.

1728. Le preneur est tenu de deux obligations principales. — 1° D'user de la chose louée en bon père de famille, et suivant la destination qui lui a été donnée par le bail, ou suivant celle présumée d'après les circonstances, à défaut de conventions ; — 2° de payer le prix du bail au terme convenu.

1729. Si le preneur emploie la chose louée à un autre usage que celui auquel elle a été destinée, ou dont il puisse résulter un dommage pour le bailleur, celui-ci peut, suivant les circonstances, faire résilier le bail.

1730. S'il a été fait un état des lieux entre le bailleur et le preneur, celui-ci doit rendre la chose telle qu'il l'a reçue, suivant cet état, excepté ce qui a péri ou a été dégradé par vétusté ou force majeure.

1731. S'il n'a pas été fait d'état des lieux, le preneur est présumé les avoir reçus en bon état de réparations locatives, et doit les rendre tels, sauf la preuve contraire.

1732. Il répond des dégradations ou des pertes qui arrivent pendant sa jouissance, à moins qu'il ne prouve qu'elles ont eu lieu sans sa faute.

1733. Il répond de l'incendie , à moins qu'il ne prouve, — Que l'incendie est arrivé par cas fortuit, force majeure, ou par vice de construction, — Ou que le feu a été communiqué par une maison voisine.

1734. S'il y a plusieurs locataires , tous sont solidairement responsables de l'incendie, — A moins qu'il ne prouvent que, l'incendie a commencé dans l'habitation de l'un d'eux, auquel cas, celui-là seul en est tenu ; — Ou que quelques-uns ne prouvent que l'incendie n'a pu commencer chez eux, auquel cas ceux-là n'en sont pas tenus.

1735. Le preneur est tenu des dégradations et des pertes qui arrivent par le fait des personnes de sa maison ou de ses sous-locataires.

1736. Si le bail a été fait sans écrit, l'une des parties ne pourra donner congé à l'autre qu'en observant les délais fixés par l'usage des lieux.

1737. Le bail cesse de plein droit à l'expiration du terme fixé, lorsqu'il a été fait par écrit, sans qu'il soit nécessaire de donner congé.

1738. Si , à l'expiration des baux écrits , le preneur reste et est laissé en possession , il s'opère un nouveau bail dont l'effet est réglé par l'article relatif aux locations faites sans écrit.

1739. Lorsqu'il y a un congé signifié, le preneur, quoiqu'il ait continué sa jouissance, ne peut invoquer la tacite réduction.

1740. Dans le cas des deux articles précédens , la caution donnée pour le bail ne s'étend pas aux obligations résultant de la prolongation.

1741. Le contrat de louage se résout par la perte de la chose louée, et par le défaut respectif du bailleur et du preneur, de remplir leurs engagemens.

1742. Le contrat de louage n'est point résolu par la mort du bailleur, ni par celle du preneur.

1743. Si le bailleur vend la chose louée, l'acquéreur ne peut expulser le fermier ou le locataire qui a un bail authentique ou dont la date est certaine, à moins qu'il ne se soit réservé ce droit par le contrat de bail.

1744. S'il a été convenu, lors du bail, qu'en cas de vente, l'acquéreur pourrait expulser le fermier ou locataire, et qu'il n'ait été fait aucune stipulation sur les dommages et intérêts, le bailleur est tenu d'indemniser le fermier ou locataire de la manière suivante.

1745. S'il s'agit d'une maison, appartement ou boutique, le bailleur paie, à titre de dommages et intérêts, au locataire évincé, une somme égale au prix du loyer, pendant le temps qui, suivant l'usage des lieux, est accordé entre le congé et la sortie.

1746. S'il s'agit de biens ruraux, l'indemnité que le bailleur doit payer au fermier est du tiers du prix du bail pour tout le temps qui reste à courir.

1747. L'indemnité se réglera par experts, s'il s'agit de manufactures, usines, ou autres établissemens qui exigent de grandes avances.

1748. L'acquéreur qui veut user de la faculté réservée par le bail, d'expulser le fermier ou locataire en cas de vente, est, en outre, tenu d'avertir le locataire au temps d'avance usité dans le lieu pour les congés. — Il doit aussi avertir le fermier de biens ruraux, au moins un an à l'avance.

1749. Les fermiers ou locataires ne peuvent être expulsés qu'ils ne soient payés par le bailleur, ou, à son

défaut , par le nouvel acquéreur , des dommages et intérêts ci-dessus expliqués.

1750. Si le bail n'est pas fait par acte authentique,
ou n'a point de date certaine , l'acquéreur n'est tenu
d'aucuns dommages et intérêts.

1751. L'acquéreur à pacte de racnat ne peut user de
la faculté d'expulser le preneur, jusqu'à ce que par
l'expiration du délai fixé pour le réméré , il devienne
propriétaire incommutable.

1752. Le locataire qui ne garnit pas la maison de meubles suffisans peut être expulsé , à moins qu'il ne donne
des sûretés capables de répondre du loyer.

1753. Le sous-locataire n'est tenu envers le propriétaire que jusqu'à concurrence du prix de sa sous-loca-
tion , dont il peut-être débiteur au moment de la saisie,
et sans qu'il puisse opposer des paiemens faits par anticipation. — Les paiemens faits par le sous-locataire,
soit en vertu d'une stipulation portée en son bail, soit
en conséquence de l'usage des lieux , ne sont pas réputés faits par anticipation.

1754. Les réparations locatives ou de menus entretien dont le locataire est tenu , s'il n'y a clause contraire,
sont celles désignées comme telles par l'usage des lieux,
et , entre autres, les réparations à faire , — Aux âtres ,
contre-cœurs , chambranles et tablettes de cheminées;
— Au récrépiment du bas des murailles des appartemens et autres lieux d'habitation , à la hauteur d'un
mètre ; — Aux pavés et carreaux des chambres , lorsqu'il y en a quelques-uns de cassés ; — Aux vitres , à
moins qu'elles ne soient cassées par la grêle , ou autres
accidens extraordinaires et de force majeure , dont le
locataire ne peut être tenu ; — Aux portes , croisées ,

planches de cloisons ou de fermetures de boutiques, gonds, targettes et serrures.

1755. Aucune des réparations réputées locatives n'est à la charge des locataires, quand elles ne sont occasionnées que par vétusté ou force majeure.

1756. Le curement des puits et celui des fosses d'aisance sont à la charge du bailleur, s'il n'y a clause contraire.

1757. Le bail des meubles fournis pour garnir une maison entière, un corps de logis entier, une boutique, ou tous autres appartemens, est censé fait pour la durée ordinaire des baux de maisons, corps de logis, boutiques ou autres appartemens, selon l'usage des lieux.

1758. Le bail d'un appartement meublé est censé fait à l'année, quand il a été fait à tant par an ; — Au mois, quand il a été fait à tant par mois ; — Au jour, s'il a été fait à tant par jour. — Si rien ne constate que le bail soit fait à tant par an, par mois ou par jour, la location est censée faite suivant l'usage des lieux.

1759. Si le locataire d'une maison ou d'un appartement continue sa jouissance après l'expiration du bail par écrit, sans opposition de la part du bailleur, il sera censé les occuper aux mêmes conditions, pour le terme fixé par l'usage des lieux, et ne pourra plus en sortir ni en être expulsé qu'après un congé donné suivant le délai fixé par l'usage des lieux.

1760. En cas de résiliation par la faute du locataire, celui-ci est tenu de payer le prix du bail pendant le temps nécessaire à la relocation, sans préjudice des dommages et intérêts qui ont pu résulter de l'abus.

1761. Le bailleur ne peut résoudre la location, encore qu'il déclare vouloir occuper par lui-même la maison louée, s'il n'y a eu convention contraire.

1762. S'il a été convenu dans le contrat de louage que le bailleur pourrait venir occuper la maison, il est tenu de signifier d'avance un congé aux époques déterminées par l'usage des lieux.

1763. Celui qui cultive sous la condition d'un partage de fruits avec le bailleur ne peut ni sous-louer ni céder, si la faculté ne lui en a été expressément accordée par le bail.

1764. En cas de contravention, le propriétaire a droit de rentrer en jouissance, et le preneur est condamné aux dommages et intérêts résultant de l'inexécution du bail.

1765. Si, dans un bail à ferme, on donne aux fonds une contenance moindre ou plus grande que celle qu'ils ont réellement, il n'y a lieu à augmentation ou diminution de prix pour le fermier, que dans les cas et suivant les règles exprimées au titre *de la Vente*.

1766. Si le preneur d'un héritage rural ne le regarnit pas des bestiaux et des ustensiles nécessaires à son exploitation, s'il abandonne la culture, s'il ne cultive pas en bon père de famille, s'il emploie la chose louée à un autre usage que celui auquel elle a été destinée, ou, en général, s'il n'exécute pas les clauses du bail, et qu'il en résulte un dommage pour le bailleur, celui-ci peut, suivant les circonstances, faire résilier le bail.

En cas de résiliation provenant du fait du preneur, celui-ci est tenu des dommages et intérêts, ainsi qu'il est dit en l'article 1764.

1767. Tout preneur de bien rural est tenu d'engranger dans les lieux à ce destinés d'après le bail.

1768. Le preneur d'un bien rural est tenu, sous peine de tous dépens, dommages et intérêts, d'avertir le propriétaire des usurpations qui peuvent être commises sur les fonds.

Cet avertissement doit être donné dans le même délai que celui qui est réglé en cas d'assignation, suivant la distance des lieux.

1769. Si le bail est fait pour plusieurs années, et que, pendant la durée du bail, la totalité ou la moitié d'une récolte au moins soit enlevée par des cas fortuits, le fermier peut demander une remise du prix de sa location, à moins qu'il ne soit indemnisé par les récoltes précédentes.

S'il n'est pas indemnisé, l'estimation de la remise ne peut avoir lieu qu'à la fin du bail, auquel temps il se fait une compensation de toutes les années de jouissance.

Et cependant le juge peut provisoirement dispenser le preneur de payer une partie du prix en raison de la perte soufferte.

1770. Si le bail n'est que d'une année, et que la perte soit de la totalité des fruits, ou au moins de la moitié, le preneur sera déchargé d'une partie proportionnelle du prix de la location.

Il ne pourra prétendre aucune remise, si la perte est moindre de moitié.

1771. Le fermier ne peut obtenir de remise, lorsque la perte des fruits arrive après qu'ils sont séparés de la terre, à moins que le bail ne donne au propriétaire une quotité de la récolte en nature; auquel cas le propriétaire doit supporter sa part de la perte, pourvu que le premier ne fût pas en demeure de lui délivrer sa portion de récolte.

Le fermier ne peut également demander une remise lorsque la cause du dommage était existante et connue à l'époque où le bail a été passé.

1772. Le preneur peut être chargé des cas fortuits par une stipulation expresse.

1773. Cette stipulation ne s'entend que des cas fortuits ordinaires, tels que grêle, feu du ciel, gelée ou coulure.

Elle ne s'entend pas des cas fortuits extraordinaires, tels que les ravages de la guerre, ou une inondation, auxquels le pays n'est pas ordinairement sujet, à moins que le preneur n'ait été chargé de tous les cas fortuits prévus ou imprévus.

1774. Le bail, sans écrit, d'un fonds rural, est censé fait pour le temps qui est nécessaire, afin que le preneur recueille tous les fruits de l'héritage affermé.

Ainsi le bail à ferme d'un pré, d'une vigne et de tout autre fonds dont les fruits se recueillent en entier dans le cours de l'année, est censé fait pour un an.

Le bail des terres labourables, lorsquelles se divisent par soles ou saisons, est censé fait pour autant d'années qu'il y a de soles.

1775. Le bail des héritages ruraux, quoique fait sans écrit, cesse de plein droit à l'expiration du temps pour lequel il est censé fait, selon l'article précédent.

1776. Si à l'expiration des baux ruraux écrits, le preneur reste et est laissé en possession, il s'opère un nouveau bail dont l'effet est réglé par l'art. 1774.

1777. Le fermier sortant doit laisser à celui qui lui succède dans sa culture, les logemens convenables et autres facilités pour les travaux de l'année suivante; et, réciproquement, le fermier entrant doit procurer à celui qui sort les logemens convenables et autres facilités pour la consommation des fourrages, et pour les récoltes restant à faire.

Dans l'un et l'autre cas, on doit se conformer à l'usage des lieux.

1778. Le fermier sortant doit aussi laisser les pailles et engrais de l'année, s'il les a reçus lors de son entrée en jouissance; et quand même il ne les aurait pas reçus, le propriétaire pourra les retenir suivant l'estimation.

Le bail est nul envers les créanciers qui font saisir les immeubles du bailleur, s'il n'a date certaine. (Art. 91. Code de procédure civ.

1328. *C. civ.* Les actes sous-seing privé n'ont de date contre les tiers que du jour où ils ont été enregistrés, du jour de la mort de celui ou de l'un de ceux qui les ont souscrits, ou du jour où leur substance est constatée dans des actes dressés par des officiers publics, tels que procès-verbaux de scellés ou d'inventaire.

Bail à loyer.

Entre les soussignés....., demeurant à....., stipulés, représentés par..., suivant procuration passée devant M°..., notaire à..., le..., d'une part,

Et le sieur..., demeurant à..., d'autre part,

A été convenu ce qui suit :

Que le dit..., donne à titre de bail audit sieur, pour trois, six ou neuf années, au choix des parties, en s'avertissant six mois d'avance.

6

Une maison, en circonstance et dépendance, située à..., avec le... qui en dépend et le droit d'aller aux latrines, ladite maison telle qu'elle est et se comporte, sans réserve ni exception et tout et autant qu'en jouit le sieur..., pour, par ledit..., entrer en jouissance à... et la quitter à pareille époque des trois, six ou neuf années.

Le présent bail est fait pour et moyennant... fr. de loyer par an, payable en deux termes égaux, St.-Michel et Pâques, pour être le premier terme payé à la St.-Michel de la première année, le deuxième à..., pour ainsi continuer jusqu'en fin de jouissance.

Paiera ledit... l'impôt des portes et fenêtres à partir d... de la présente année.

Les droits d'enregistrement du présent bail, s'il est nécessaire de le faire enregistrer, seront supportées par ledit...

Il est reconnu que dans la chambre...; enfin que dans... on a substitué..., et ledit... ne sera tenu que de les remettre dans le même état.

Il est aussi reconnu qu'il y a dans les appartemens...

Le sieur... ne sera point tenu à la fin de sa jouissance de faire peindre les appartemens, vu qu'ils ne lui ont point été donnés en bon état de peinture.

Il est convenu entre les parties que le prix des réparations que ledit... a fait faire en entrant, se compensera contre la jouissance qu'il a eue de ladite maison plusieurs semaines avant l'époque fixée par le présent bail.

Sera le présent enregistré, déposé et reconnu devant

notaire, aux frais du preneur, si le bailleur l'exige et à
sa première réquisition.

Le présent fait et signé double à..., le..., etc.

Autre bail à loyer.

Je soussigné..., reconnais, par le présent, avoir donné
à titre de bail à loyer et prix d'argent, pour neuf années
qui commenceront à... prochain et finiront à pareil
jour de l'an...,

Au sieur.., prenant et acceptant, audit titre aussi
soussigné, c'est à savoir :

Une maison d'habitation, sise à..., rue..., portant le
n°..., à usage de..., consistant...

Il est expressément convenu que...

Se réserve le bailleur de faire des changemens, et s'o-
blige d'acquitter l'impôt foncier seulement.

A la charge par le preneur d'habiter ladite maison par
lui-même, et de ne pouvoir sous-bailler les objets
loués sans le consentement du bailleur, et de les entretenir en bon état de réparation, ainsi qu'il est d'usage,
etc.

Le présent bail est ainsi fait par et moyennant le
prix et somme de... fr. par an... payable, etc.

Pour le vin du présent bail le preneur a présentement payé la somme de.., fr. au bailleur, qui le reconnaît, dont quittance.

Fait et signé double à..., le..., après lecture.

Bail à ferme.

Je soussigné..., stipulant au nom et comme usufruitier des biens d..., reconnais avoir par le présent cédé
à titre de bail à ferme, pour le temps et espace de
neuf années entières et consécutives qui commenceront

par la récolte de... et finiront par celle de l'an..., pendant lequel temps il promet faire jouir paisiblement,

Au sieur... ici présent, preneur et acceptant audit titre, aux charges, clauses et conditions ci-après, qu'il promet d'exécuter ponctuellement, c'est à savoir :

Une ferme sise à... composée, 1° de cour édifiée de bâtimens ; 2°... acres de terres labourables ; 3° etc. : le tout sera pris ainsi qu'il est, sans fourniture ni répétition de mesure, quelle que soit la différence en plus ou en moins qui pourrait s'y rencontrer.

Déclarant le sieur..., parfaitement connaître les objets à lui affermés pour les avoir vus et parcourus, pourquoi il n'en a été exigé d'autres détails ; il est à observer que lesdites terres sont situées tant à... qu'en la commune de..., et autres circonvoisines.

Ou... acres de terres labourables environ, en plusieurs pièces, situées sur les communes d..., sans fourniture de mesure ni répétition de surmesure (clause expresse), telles qu'elles sont et se comportent en plus ou en moins et qu'en jouit à titre de fermier le preneur, lequel a dit bien connaître les bornemens, situations et contenances, et n'en vouloir plus ample désignation ; ne font point partie du présent... et tout autant que le bailleur en aurait acquis du sieur... seulement.

Ou, dont le détail suit, par triége et bornement.

A la charge par le preneur

1° De bien labourer, fumer, ensemencer et cultiver lesdites terres ; sans les dessoler, dessaisonner ni décompoter, ainsi qu'il est d'usage.

2° De maintenir et conserver, pendant le courant du présent, les propriétés ci-dessus affermées, de manière qu'il ne soit fait aucune usurpation, parce qu'en cas contraire le preneur intentera action à ses frais et dépens, et la fera juger en justice de paix et en donnera connaissance au bailleur, sauf au dernier, si bon lui semble, à suivre l'instance en cause d'appel.

3° De payer et avancer sans diminution du prix ci-après fixé, pendant le courant du présent, tous les impôts prévus et imprévus, établis et à établir, sous quelques dénominations que ce puisse être, auxquels les objets ci-dessus affermés pourront être imposés, et d'en justifier et représenter les quittances tous les ans au bailleur.

4° De faire arracher pendant le courant du présent, les arbres qui mourront ou tomberont par impétuosité des vents, existant sur lesdites terres, de les faire casser, mettre le branchage en bourrée, et de les rendre à..., à ses frais et à la résidence du sieur..., bailleur.

5° Sera obligé le preneur de faire écheniller, de trois ans en trois ans, et émonder lesdits arbres, faire ôter le bois sec qui reviendra à son profit et rechausser lesdits arbres.

6° De remettre à la fin de sa jouissance les objets affermés en état de culture.

7° Reconnaîtra le preneur, à ses frais, le présent devant notaire, à la première réquisition du bailleur, et lui en délivrera une grosse exécutoire.

Ce bail est ainsi fait et en outre les charges, clauses et conditions ci-dessus, moyennant le prix et somme de... fr. de fermage par an, payable, etc.

S'obligeant même ledit preneur à l'exécution dudit bail par corps, comme s'agissant de fermage de biens ruraux.

Autre bail à ferme.

Je soussigné..., reconnais, par le présent, avoir réglé à tire de bail à ferme pour neuf années, et neuf récoltes consécutives, la première ayant commencé par l'an..., pour finir par celle d... inclusivement.

Au sieur .., à ce présent, preneur et acceptant, audit titre de bail à ferme, et pour ledit temps ; savoir :

... Pièces de terre en labour, situées sur la commune de..., et contenant ensemble :

La première... au triage D. B. D. C.

Lesdites... pièces de terre affermées telles qu'elles sont et se comportent, sans exception ou réserve, et sans fourniture ni répétition de mesure, et qu'elles appartiennent au bailleur, au droit de l'acquisition qu'il en a fait de..., suivant acte passé.

A la charge, par le preneur, 1° de garder et conserver les droits et possession du bailleur, sans souffrir qu'il soit fait aucune entreprise sur lesdites terres, ainsi que de les bien labourer, fumer, cultiver et ensemencer, comme les voisins bons ménagers, sans pouvoir les dessoler ni dessaisonner.

2° De payer les contributions foncières et autres, etc.

3° De supporter, sans recours ni indemnité, les pertes qu'il éprouverait pour grêle, inondation, intempérie, stérilité, épidémie ou autres événemens.

4° L'obligeant même à l'exécution du bail par corps, comme s'agissant de fermage de biens ruraux ;

5° Reconnaîtra devant notaire le présent à ses frais et en délivrera grosse exécutoire au bailleur.

Le présent bail est ainsi fait et moyennant... fr. par an, payable le...

Fait, arrêté et signé double, après lecture, à.... le an...

Clause pour les Contributions.

De payer à l'acquit du bailleur, si bien et de manière qu'il n'en puisse être inquiété ni recherché, sans aucune diminution principale ci-après, l'impôt foncier quel qu'il soit ou puisse être, au commencement ou pendant la durée du présent bail, même celui qualifié d'extraordinaire de guerre, taxes, surcharge ou autrement. Renonçant le preneur à tout bénéfice de règlement ou dispositions législatives à ce contraire ; d'en apporter l'acquit ou les quittances au bailleur à la fin de chaque année.

Stipulations pour les Contributions.

La clause relative aux impôts mis à la charge du fermier, quoique très-formelle et très-expresse, n'est pas tellement absolue qu'il ne puisse arriver que le propriétaire soit tenu d'y contribuer éventuellement, parce qu'il est possible qu'une loi de circonstance le veuille ainsi.

Les impôts extraordinaires de 1813 et de 1814, la taxe de guerre de 1815, et l'emprunt de cent millions établi en la même année, en fournissent de nombreux et récens exemples.

Ces impôts extraordinaires, cette taxe de guerre, nonobstant les stipulations des baux qui chargeaient les fermiers de toutes les contributions prévues et imprévues dans les termes les plus généraux et les plus expressifs , ont cependant été mis moitié à la charge du propriétaire , et moitié à la charge du fermier , et l'emprunt de cent millions à la seule charge du propriétaire.

Ce qui est arrivé plusieurs fois peut encore arriver , parce que , en matière d'impôts , les conventions particulières sont dans la dépendance de la loi , qui peut à son gré y déroger, les modifier , même les rendre sans effets.

Cette puissance législative pourrait aisément se justifier ; mais il n'en est pas besoin, il suffit de savoir qu'elle existe... Il n'y a pas de Français qui puisse en douter.

DE LA CONTRAINTE PAR CORPS

EN MATIÈRE CIVILE.

Contre les Fermiers , pour le paiement des fermages des biens ruraux.

Art. 2062. *Code civil.* La contrainte par corps ne peut être ordonnée contre les fermiers pour le paiement des fermages des biens ruraux , si elle n'a été stipulée formellement dans l'acte du bail. Néanmoins , les fermiers et les colons partiaires peuvent être contraints par corps , faute par eux de représenter , à la fin du bail , le cheptel de bétail ; les semences et les instrumens oratoires qui leur ont été confiés ; à moins qu'ils ne justifient que le déficit de ces objets ne procède point de leur fait.

2065. Elle ne peut être prononcée pour une somme moindre de 300 francs.

2067. La contrainte par corps, dans le cas même où elle est autorisée par la loi, ne peut être appliquée qu'en vertu d'un jugement.

Bail à ferme à trois particuliers.

L'an... le..., entre les soussignés P... et domiciliés à..., d'une part.

M......
D...... } domiciliés à..., d'autre part,
N......

A été convenu et arrêté ce qui suit :

Que M. B..., donne par le présent, à titre de bail à ferme, prix d'argent et faisances, pour le temps et espace de neuf années entières et consécutives, à partir de jouissance du jour Saint-Michel dernier, pour lever jachères, ensemencer l'année prochaine, récolter en l'an..., et finir à pareil jour Saint-Michel après la révolution et accomplissement desdites neuf années, à MM. M..., D... et N..., tous trois acceptant et preneurs pour ledit temps, aux prix, charges, clauses et conditions ci-après :

La quantité de... hectares... ares... centiares environ (ou... acres, ancienne mesure) de terre labourable située en la commune de..., au triége de..., qui est le lot de terre dont jouissait il y a... ans M..., suivant bail passé devant M...,. notaire..., le..., et desquels biens il n'a point été donné par ces présentes d'autres ni plus amples désignations, attendu que les preneurs déclarent les bien connaître et savoir par situation, contenances, bouts et côtés, les avoir vus et visités précé-

dremment , que **M. B...**, bailleur, dit lui appartenir
propriétairement et par acquêt en forme ,

Pour , par lesdits preneurs , en jouir , pendant le
cours du présent bail , par portions distinctes et sépa
rées , savoir :

M. M..., de... hectares... ares.. environ ou... acres,
ancienne mesure) ;

M. D... de pareille quantité... ,

Et ledit sieur N... de... hectares... ares..., centiares
qu'ils partageront et diviseront à l'amiable à la même
totalité qui leur est affermée , et s'il arrive qu'il y en
ait plus ou moins , les preneurs en auront le profit , en
supporteront la perte , au prorata de chacun leur teneur,
à quoi ils apereront arrière et sans y appeler ledit bailleur , qui , à ce moyen , les afferme sans fourniture ni
répétition de mesure , aux charges , par les preneurs ,
de bien et dûment labourer, fumer , semer et cultiver
lesdites terres en temps et saisons , comme les voisins
et bons ménagers , suivant l'usage du pays , sans les
dessaisonner , ni décompoter , en conserver les possessions sans y souffrir aucune entreprise , sous peine d'en
répondre personnellement et d'en acquitter les impositions prévues et imprévues pendant le courant de ce
bail , à partir de... sans espoir de diminution ou compensation sur leurs fermages , et de justifier des quittances du percepteur au bailleur à chaque terme.

Les preneurs remettront au bailleur , à la fin du bail,
la quantité de... bottes de paille du poids de... kilogrammes chaque , et ce au prorata de ce qui est affermé
à chacun d'eux , parce qu'ils en recevront de lui à
l'entrée de leur jouissance le même nombre et même
poids qu'ils partageront de la même manière de celle
qu'ils doivent rendre , aux fins par eux de les convertir

Le présent bail est fait moyennant la somme de...
pour ce qui regarde l'article M. M.... » fr. » c.

Pareille somme pour le lot de M. D... » fr. » c.

Et celle de... pour l'art. de M. N.... » fr. » c.

Somme égale...... » fr. « c.

de fermage par chacun an, à raison et sur le pied de...
fr. par hectare, ou représentant... acre ancienne mesure, formant les sommes ci-dessus, pour chacun desdits
preneurs qu'ils paieront séparément audit bailleur, en
son domicile, en trois termes et paiemens égaux, qui
seront, pour les premiers, à échoir et exigible le... de
l'année... pour ainsi continuer jusqu'à fin du bail aux
mêmes échéances; plus, délivrer deux dindes pesant
chacun six kilogrammes, deux couples de poulets, une
couple de chapon tous les ans, à partir du... prochain,
au bailleur, à son domicile; pour les faisances, les
preneurs s'entendront ensemble, si mieux ils n'aiment
payer la somme de... fr... c. approximée pour la valeur d'icelle au choix du bailleur, le tout sans aucune
solidarité entre eux, mais bien pour chacun leur fait et
regard.

Les droits d'enregistrement du présent bail seront
acquittés, par portions égales, par les preneurs au
bailleur qui en fera l'avance.

Fait et signé quadruple, après lecture, à... le jour et
an susdits.

(Signatures, avec approbation.)

Bail de deux Moulins à Farine.

Les soussignés..., demeurant...., et...., domiciliés à...

Copropriétaires indivis des biens ci-après désignés, d'une part,

Et madame veuve..., meunière et marchande de farine, demeurant à..., d'autre part,

Ont fait et arrêté ce qui suit :

Les sieurs... donnent par le présent, à loyer, à madame veuve..., qui l'accepte pour trois, six, neuf années, entières et consécutives, au choix du preneur, et ce à compter de ce jour, sous les réserves qui seront exprimées ci-après,

Deux moulins à eau faisant de blé farine, établis sur deux bras de la rivière de..., commune de..., garnis de leurs meules, ustensiles, tournans et travaillans ; ils se composent, en ce moment, de deux cages, unies entre elles par un corps de bâtiment servant à l'habitation, de divers autres corps de bâtimens formant les écuries et les étables, et de constructions commencées dont l'achèvement sera déterminé entre les parties.

Les dépendances territoriales consistent en plusieurs pièces de terre, prés, bois, jardins, îlots, contenant en tout environ... arpens, d'après le plan que les propriétaires remettront à madame...

Se trouve nommément compris dans la location le droit de chasse et de pêche, tel qu'il est transmis aux propriétaires par le contrat d'acquisition.

Madame...entrera en jouissance desdits biens dès aujourd'hui même, pour les récoltes à faire, qui sont encore sur pied, et qui n'ont point été adjugées.

Elle entretiendra les moulins et les bâtimens en dépendant, et les rendra, à la fin du bail, en bon état de toutes les réparations locatives ; elle rendra, également à la même époque, les tournans et travaillans, les meubles et ustensiles, en bon état, conformément à la prisée qui en sera faite entre les parties immédiatement après l'achèvement des réparations que les bailleurs s'obligent à faire faire de suite. Après lesdites réparations, il sera fait entre les parties, et à l'amiable, une prisée et estimation des tournans, virans, travaillans et ustensiles de moulins, pour qu'à la fin de la jouissance il soit fait une nouvelle estimation, et la plus value être remboursée à qui de droit.

Elle sera tenue de souffrir toutes les grosses réparations, sans pouvoir prétendre à aucun dédommagement ni indemnité, pourvu toutefois que les réparations ne durent pas plus de six mois ; de ne faire aucune dégradation ni enlèvement de matériaux ; de ne rien construire que du consentement par écrit des bailleurs : devra, au contraire, faire ramasser et serrer tous les matériaux qui proviendraient de dégradations par vétusté ou cas fortuit.

Elle sera tenue de faire faucher la rivière, et pendant la durée du bail, curer, aussi souvent que besoin sera, et de rigueur à la fin du bail, quelle que soit sa durée, les fossés et rigoles pour l'écoulement des eaux qui parcourent les dépendances de la propriété présentement louée, étant observé, à cet égard, que le premier curage, celui qui devra être fait immédiatement, le sera par les propriétaires et à leurs frais.

Elle aura soin d'élaguer les arbres qui sont dans l'usage de l'être, et qui se trouvent dans la propriété ; dà remplacer par des sujets jeunes et vigoureux ceux qui viendraient à mourir, à dépérir ou à être arrachés par les vents : dans ce cas, elle profitera des branches élaguées, des troncs des arbres morts ou arrachés et remplacés ; et, dans tous les cas, elle ne pourra faire ces élagages et plantations qu'en temps et saison convenables. Toutefois seront seulement élagués les arbres désignés par les propriétaires, qui pourront toujours augmenter les plantations, les varier partout où ils jugeront convenable, pourvu qu'il n'en résulte aucun préjudice pour le preneur.

Il sera fait, de compte à demi entre les propriétaires et le preneur, dans les fossés et les lieux convenus entre eux, des plantations d'osier dont l'exploitation sera exclusivement confiée aux soins de madame..., elle sera, en outre chargée de les faire couper, apprêter, à frais communs, pour le produit de la vente être partagé par moitié entre elle et les bailleurs, après déduction faite des frais de toute nature : cette jouissance est établie sur cette base pour toute la durée du bail ; mais, à l'expiration, les plantations d'osier qui auront été faites seront abandonnées et resteront à la propriété.

Elle ne souffrira aucun usage qui pourrait passer en servitude ; elle reste garant et responsable des négligences et de l'inobservation des règlemens relatifs à la levée des fausses vannes lorsque les moulins sont arrêtés.

Elle ne pourra s'opposer à la coupe, de la part des propriétaires, d'aucune partie de bois ou arbres que les bailleurs jugeront convenable de faire faire, et à leur remplacement en telle autre nature d'arbres ou de bois qu'il leur plaira.

Elle sera tenue d'habiter les bâtimens desdits moulins par elle-même avec ses domestiques, de garnir les lieux de meubles, effets, bestiaux et ustensiles d'exploitation suffisans et nécessaires pour bien faire valoir et pour assurer le paiement des loyers et l'exécution des charges, clauses et conditions du présent bail.

Elle pourra céder le droit au présent bail en restant elle-même caution, ou en faisant accepter aux bailleurs une caution bonne et solvable en son lieu et place.

A défaut de paiement des loyers aux époques, et lieux qui seront ci-après fixés, le bail sera résilié de plein droit, et les propriétaires exerceront soit envers le preneur, soit envers les cessionnaires, leurs recours avec les priviléges que leur accorde la loi.

Les contributions de toute nature étant même à la charge du preneur, madame... les paiera à compter de ce jour en l'acquit des propriétaires, devra justifier de ce paiement à toute réquisition de ces messieurs, par les quittances du receveur ; en cas de décès de madame..., si elle exploitait elle-même, le bail se trouverait résilié de plein droit, sans que ses héritiers puissent interrompre le service du moulin. Si le bail avait été cédé par elle à un autre fermier, il continuerait d'avoir son effet, pourvu que celui-ci fournisse un autre caution au lieu et place de madame...

De leur côté, les bailleurs s'obligent solidairement de faire jouir madame... pendant le temps ci-dessus fixé, des moulins et dépendances compris dans le bail,

et de faire achever, dans le délai le plus court, les aug-
mentations et réparations convenues;

Ils s'obligent également de faire réparer et d'entretenir à leurs frais, pendant la durée du bail, les berges,
rayéres, vannes, meunières et et fausses dannes.

Ce bail est fait moyennant la somme de... de loyer
annuel, outre les charges, que madame... s'oblige de
payer au bailleur, en la demeure de l'un d'eux, de la
manière suivante, vu les réparations à faire, et nonobstant la jouissance, commençant dés ce jour, les
premiers six mois ne seront exigibles que le premier
avril prochain, les seconds six mois, jusqu'à l'expiration
du bail.

Par dérogation à tout ce qui précède, relativement
à l'expression *bois* employée dans le cours du bail, il est
expressément convenu qu'à madame..., seule, appartient le droit de couper les bois taillis, se conformant
bien entendu à l'usage déjà établi pour la coupe et aux
ordonnances des eaux et forêts.

Fait double, sous les seings des parties, après lecture, à..., le...

Bail d'un Moulin à Foulon et dépendance.

A titre de bail, un moulin à foulon, maison de fou-
lonier, bâtimens, prés et côtes, et généralement toutes
les dépendances et autant qu'il en appartient à M...,
dans la commune d..., où sont situés lesdits objets sans
exception, si ce n'est seulement des deux pièces de
terre en labour qu'il se réserve comme ne faisant pas
partie de ce bail.

Du tout, il n'a été fait plus ample désignation, le
preneur ayant déclaré en dispenser, pour connaître
parfaitement lesdits objets

Pour , par ledit... en jouir durant le présent , à la charge par lui ,

1° De faire sa résidence dans ledit moulin et dépendances , et de nantir la maison et autres bâtimens d'un mobilier suffisant pour sûreté du fermage ci-après , sans pouvoir rétrocéder que du consentement du bailleur ;

2° D'entretenir les bâtimens en bon état de réparations locatives , comme aussi d'entretenir le dedans du moulin et tous ses mouvemens , vannes et vannettes de décharges aussi en bon état , tels qu'ils sont à présent , ainsi que le preneur le reconnaît , pour rendre le tout de même à fin de jouissance ;

3° D'entretenir les haies de clôture pour autant qu'il s'en trouve de nature à l'être , de tondre et émonder , dans les temps et saisons convenables et d'usage , lesdites haies , les saules et peupliers dont il aura les émondes ;

4° De cerfoiner et rechausser les arbres fruitiers qui se trouvent tant dans les prés que sur la côte ; tous les deux ans ; d'épiner les jeunes arbres , afin que les bestiaux ne puissent les endommager ;

5° De soigner et cultiver aussi le jardin et les arbres qui en dépendent , entretenir les îlots , prés et généralement les possessions affermées et louées , de sorte qu'il n'y soit commis aucune entreprise , auquel cas le preneur sera tenu d'en avertir le bailleur.

6° D'arroser et soigner les prairies , et de se conformer pour l'irrigation d'icelles , aux lois et ordonnances , de manière que le bailleur ne soit pour ce inquiété ni recherché , à peine de tous dépens , dommages et intérêts ;

7° De curer la rivière, pour autant que ledit... peut y être tenu à raison de ses propriétés présentement affermées;

8° De continuer à ses frais l'agrandissement déjà commencé du noue dudit moulin dans la largeur de 162 millimètres (ou six pouces);

9° De payer, sans diminution du fermage ci-après, toutes les impositions foncières auxquelles peuvent et pourront être imposés les immeubles présentement affermés, pendant le cours de ce bail, et d'en représenter quittance au bailleur chaque année.

Le bailleur se réserve aussi de prendre et enlever toutefois et quantes tout ou partie des peupliers dont il pourra avoir besoin, sans que le preneur puisse exiger pour ce aucun dédommagement.

Le sieur (bailleur) ne sera tenu qu'à la fourniture de la pille et de l'abre tournant, brutes, dudit moulin, dans le cas seulement où ces deux objets viendraient à manquer, sans que, lors desdites réparations et reconstructions, le preneur puisse exiger aucunes indemnités pour raison de chômage.

Le présent bail est fait aux conditions ci-dessus, et en outre moyennant..., pour ainsi continuer de terme en terme et d'an en an jusqu'à la fin du présent, à l'exécution duquel le preneur oblige, ainsi que de droit, tous ses biens meubles et immeubles, présens et avenir; s'obligeant même ledit preneur, à l'expiration dudit bail, par corps, comme s'agissant de fermage de biens ruraux, etc.

Transaction concernant remise d'un bail à un copreneur.

Les soussignés... reconnaissent par le présent avoir transigé à l'amiable et de la manière qui suit, c'est à savoir qu'au moyen et parce que ledit... cède audit... la jouissance des terres tant en labour, etc., qu'ils tiennent à ferme et en société de M..., jusqu'à l'expiration du bail; ledit... se charge de payer la totalité des fermages dudit bail, d'en exécuter les conditions et d'en supporter les charges, déchargeant entièrement ledit..., de tout ce qui est relatif audit bail, ledit... pour indemniser ledit... de sa non-jouissance, lui abandonne celle des objets ci-après désignés et qui font partie dudit bail, savoir : 1°..., 2°...; sans par ledit... être tenu de payer, obligé envers qui que ce soit à payer pour lesdits objets aucuns fermages, pour par lui jouir desdits objets jusqu'à l'expiration du bail dont ils font partie, se charge ledit... d'aider ledit... de son cheval pour faire son blé cette année seulement.

S'oblige aussi ledit... de fournir audit... quatre voitures de fumier à deux chevaux, à prendre dans sa cour, sans que ledit... soit obligé à aucune indemnité envers ledit..., tant pour le travail de son cheval que pour le fumier à lui donné.

Jouira, ledit..., de la tonte des haies et arbres qui sont partie des objets dont la jouissance lui est abandonnée par ledit... et jusqu'à l'expiration du bail précité : de tout ce que dessus nous sommes convenus et demeurés d'accord, et avons signés le présent, fait double, à...

État des Lieux.

Entre nous... ,

A été fait et dressé l'état des lieux de la maison désignée par le bail du... , louée par ledit... audit... savoir :

Dans la cuisine..

Lequel état nous avons fait est signé double , à...

Bail des Meubles.

1728. Le preneur est tenu de deux obligations principales :

1° D'user de la chose louée en bon père de famille , et suivant la destination qui lui a été donnée par le bail , ou suivant celle présumée d'après les circonstances , à défaut de convention ;

2° De payer le prix du bail aux termes convenus.

1741. Le contrat de louage se résout par la perte de la chose louée , et par le défaut respectif du bailleur et du preneur de remplir leurs engagemens.

1752. Le locataire qui ne garnit pas la maison de meubles suffisans peut être expulsé , à moins qu'il ne donne des sûretés capables de répondre du loyer.

Reconnais avoir donné à loyer les meubles dont la description est ci-après, savoir :

Tous lesquels meubles , ledit... reconnaît avoir en sa possession et déclare en être content pour en jouir le temps... , à l'expiration duquel il promet et s'oblige rendre lesdits meubles en bon état de réparations et d'entretien usuel , et même de remplacer ceux brisés , etc.

Résiliation volontaire de Bail.

Entre... déclarent , par le présent , volontairement se désister et départir de l'exécution du bail à loyer fait

ntre... le..., consentant l'un et l'autre réciproquement
que ledit bail soit et demeure nul et résolu, sans aucuns dépens, dommages, intérêts et indemnités, pour
le temps qui restera à expirer à compter du... prochain,
auquel jour ledit... sera tenu et promet vider ladite
maison, la rendre libre, en état de réparation, pour
par ledit... en faire et disposer comme bon lui semblera
sous la condition, néanmoins, que ledit sieur... acquittera audit jour, pour la cassation du bail, en faisant
la remise des clés, les loyers alors échus, conformément audit bail, lequel, pour ce seulement, aura son
entière force et vertu.

Fait double à...

Autre Résiliation volontaire de Bail.

Le..., entre..., lesquels, de consentement mutuel,
ont par ces présentes résilié, comme de fait ils résilient
le bail ci-dessus énoncé, pour qu'il cesse d'avoir son
effet le... prochain, au plus tard, et plus tôt suivant le
cas ci-après prévu.

Ledit sieur... aura la faculté de rester sur les lieux,
si bon lui semble, jusqu'audit jour..., cependant, si
avant cette époque M.... trouve un locataire, il devra
quitter sur-le-champ sa jouissance, parce qu'il lui tiendra compte de ladite jouissance au prorata du temps.

Ensuite avons exercé le compte des loyers et frais en
tous genres qui sont dus au sieur... jusqu'audit jour. Il
en est résulté qu'il est dû à M... une somme de » fr. » c.,
pour ledit... demeurer quitte, tant des loyers qui échéront, que de tous frais faits jusqu'à ce jour.

Il est encore convenu que du moment où ledit...
cessera d'habiter les lieux, il devra payer à M... la
somme de » fr. » c. pour les trois mois de jouissance
qui échéront le... prochain, sauf à M.... à lui tenir
compte d'une portion de cette jouissance au prorata du

temps, s'il trouve un autre locataire avant le terme ; et au moyen de la garantie qui va être donnée, ledit... pourra enlever ses meubles toutes fois et quantes.

Pour la plus grande sûreté du paiement de ladite somme de » fr. » c.., le sieur... s'est rendu caution solidaire avec le sieur... en faveur de M..., auquel il paiera, s'il ne le fait pas, lorsqu'il quittera les lieux.

Ce fait sans déroger aux clauses du bail pour les réparations auxquelles il est tenu.

Autre Formule.

Il a été convenu et arrêté ce qui suit :

Que ledit... étant dans l'impossibilité de faire valoir la ferme qu'il occupe, appartenant à.., qu'il tient suivant bail, etc. ; il déclare, par le présent, de sa pleine volonté, sans force ni contrainte, faire remise et abandon de ladite ferme en faveur du sieur..., lequel en est caution, pour, par lui, la faire valoir à son profit, en acquittant le prix des charges portées audit bail précité ; n'exigent, ledit..., aucune indemnité pour raison de la remise envers ledit... En conséquence il pourra en jouir, faire et disposer à son gré, etc.

Bail à Loyer de Meubles.

Entre les soussignés F... domicilié à..., et M..., demeurant à...

A été convenu et arrêté ce qui suit :

Que M. F..., donne à titre de loyer pour le temps et espace de... ans, qui ont commencé le..., à courir du..., et finiront à pareille époque en l'an...,

A M. M..., acceptant et preneur pour le temps sus-exprimé,

Les effets mobiliers dont le détail va suivre et dont M. M.... a l'usage depuis ledit jour... de ce mois, existant ces effets mobiliers dans la maison qu'il occupe comme locataire, rue ..., n°...,

Une crémaillère, pelle, pincettes, deux chenets ; (les détailler exactement, en faire là désignation), ces objets font partie de ceux qui ont été loués audit sieur M...., par M. F..., suivant bail sous seing, fait double à la date du..., enregistré le...,

Pour par le preneur user des choses ci-dessus détaillées en bon père de famille, à la charge de les rendre en bon état, lui ayant été livrées de même.

Ce contrat de louage est fait moyennant.... fr. de loyer par an, payable tous les six mois ; le premier sera dû le..., le deuxième le..., pour ainsi continuer.

Fait et signé double, après lecture, à..., le..., an....

(*Signatures des parties.*)

CHAPITRE X.

DU PRÊT.

—

Le *prêt* est un acte par lequel une des parties livre à l'autre une ou plusieurs choses, à la charge par cette dernière de lui rendre en même nombre, espèce et qualité.

—L'obligation qui résulte d'un prêt en argent n'est toujours que de la somme numérique énoncée au contrat.

S'il y a eu augmentation ou diminution d'espèces avant l'époque du paiement, le débiteur doit rendre la somme numérique prêtée, et ne doit rendre que cette somme dans les espèces ayant cours au moment du paiement. (*Code civil, art.* 1895.)

Si ce sont des lingots ou des denrées qui ont été prêtés, quelle que soit l'augmentation ou la diminution de leur prix, le débiteur doit toujours rendre la même quantité et qualité, et ne doit rendre que cela. (*Code civil, art.* 1897.)

Le prêteur ne peut pas redemander les choses prêtées avant le terme convenu.

S'il n'a pas été fixé de terme pour la restitution, le juge peut accorder à l'emprunter un délai, suivant les circonstances.

S'il a été seulement convenu que l'emprunteur paierait quand il pourrait, ou quand il en aurait les moyens, le juge lui fixera un terme de paiement, suivant les circonstances. (*Id. art.,* 1899, 1900, 1901.)

Si l'emprunteur ne peut rendre les choses prêtées en même quantité, qualité, et au terme convenu, il est tenu d'en payer la valeur, eu égard au temps et au lieu où la chose devait être rendue d'après la convention.

Si ce temps et ce lieu n'ont pas été réglés, le paiement se fait aux prix du terme et du lieu où l'emprunt a été fait. (*Id., art.* 1903.)

Si l'emprunteur ne rend pas les choses prêtées ou leur valeur au temps convenu, il en doit l'intérêt du jour de la demande en justice. (*Id., art.* 1904.)

Simple reconnaissance de prêt d'argent.

« Je soussigné N... reconnais par le présent que le sieur D... m'a cejourd'hui prêté la somme de..., laquelle somme je promets et m'engage lui remettre et rembourser le... (*la date*). A..., ce.., »

(*Signature.*)

Reconnaissance de prêt de marchandises.

« Je soussigné N... reconnais par le présent que le sieur E... m'a cejourd'hui prêté... (*désigner la nature, la qualité, la quantité de marchandises*), lesquelles je promets et m'oblige lui rendre en telle (*nature, qualité et quantité*) que je les ai reçues.

» Dans le cas où je serais en retard ou dans l'impossibilité de rendre les mêmes marchandises en telle (*nature, qualité et quantité*), je promets et m'engage à payer audit sieur E... la valeur, eu égard au temps et au lieu où les choses prêtées, devaient être rendues, et à payer les intérêts du prix, à compter du jour fixé pour la restitution des choses prêtées, et sans qu'il soit besoin, par ledit sieur E...., d'en faire la demande en justice. A...., ce... »

(*Signature.*)

Reconnaissance de prêt avec déclaration d'emploi.

« Entre nous soussignés N.... d'une part ;

» Et P..., d'autre part ;

» A été arrêté ce qui suit, savoir :

» Moi N... reconnais que ledit sieur P... m'a prêté la somme de...., que je déclare n'avoir empruntée que pour servir au paiement du prix d'une maison, *ou ferme, ou terre, sise*... (*désigner l'objet, l'endroit où il est situé, en faire la description*), que j'ai achetée de...

7

(*nom du vendeur*) par acte (*ou* sous seing privé, *ou* devant notaire*), en date du... (*la date*); laquelle somme je promets et m'oblige de rendre et restituer audit sieur P..., dans un an de ce jour, avec intérêts à cinq pour cent par an, *ou* en quatre paiemens égaux, de chacun..., de trois mois en trois mois, à commencer du...

» Et pour sûreté d'emploi de ladite somme de... conformément à la désignation ci-dessus, je promets et m'oblige de rapporter sous huitaine, audit sieur P..., copie en forme du contrat de vente contenant que, dans le paiement de ladite maison (*ou autre objet*), est entrée ladite somme de...., que ledit sieur P... m'a prêtée pour ladite acquisition, afin que ledit sieur P..., prêteur, ait privilége spécial et hypothèque sur ladite maison (*ou* ferme, *ou* terre), et soit subrogé, jusqu'à la concurrence de ladite somme de... par lui prêtée, aux droits du vendeur, et ce sous peine d'être contraint de suite, après huitaine, au remboursement de ladite somme en totalité.

» Ce que ledit sieur P... a consenti.

» Fait et signé double. A..., ce... »

(*Signatures.*)

Reconnaissance de prêt de mari et femme avec déclaration d'emploi.

« Entre nous soussignés N... et N..., épouse dudit N..., de lui dûment autorisée par le présent, à l'effet de ce qui suit, d'une part;

» Et G..., d'autre part;

» Nous... (*nom prénoms du mari et de la femme*), reconnaissons devoir audit sieur G... la somme de....

qu'il nous a présentement prêtée, et sous la déclaration
que nous lui faisons d'emploi de ladite somme à payer
en partie le prix de l'acquisition d'une maison sise à...
à nous vendue par le sieur G..., par acte passé sous
seing privé (*ou* par-devant notaire), en date du...
moyennant la somme de... dont moitié lui a été payée
comptant, et l'autre moitié le sera sous huitaine ; laquelle somme de... nous promettons et nous nous obligeons de rembourser audit sieur G... dans un an de
ce jour, en un seul paiement, avec intérêts de cinq
pour cent.

» Et pour plus grande sûreté de l'emploi ci-dessus
déterminé de ladite somme et de son remboursement,
nous promettons de remetre, sous quinzaine, entre
les mains dudit sieur G..., une copie en forme du contrat de la vente ci-dessus mentionnée à nous faite, contenant que dans le paiement de ladite acquisition est
entrée la somme de... que ledit sieur G... nous a, à
cet effet, prêtée, afin que ledit sieur G..., prêteur,
ait privilége et hypothéque sur ladite maison, jusqu'à
la concurrence de ladite somme de..., et ce à peine de
remboursement de suite de ladite somme.

» Ce que ledit sieur G... a consenti.

» Fait et signé double. A... ce... »

(Signatures.)

*Reconnaissance de prêt avec déclaration d'emploi et
caution.*

« Entre nous soussignés d'une part ;

» Et H... d'autre part ;

» A été convenu de ce qui suit ; savoir :

» Moi N.... déclare devoir au sieur H.... la somme
de..., qu'il m'a ce jourd'hui prêtée pour être employée

en l'acquisition d'une maison sise à *(désigner le lieu)*, consistant en *(sa description)*, appartenant au sieur J... *(le nom du propriétaire)*, laquelle ledit J... est dans l'intention de vendre, moyennant la somme de..., et promets et m'oblige rendre audit sieur H... ladite somme de..., dans un an de ce jour avec intérêts à cinq pour cent par an.

» Et pour sûreté de l'emploi de ladite somme de..., conformément à la déclaration ci-dessus, je promets et m'oblige sous un mois de remettre entre les mains du sieur H... une copie enforme de ladite vente, contenant que dans le paiement du prix de l'acquisition de cette maison est entrée ladite somme de..., que ledit sieur H... m'a cejourd'hui prêtée pour compléter ledit paiement, afin que ledit sieur H..., prêteur, ait privilége spécial et hypothèque sur ladite maison, et soit subrogé, jusqu'à la concurrence de ladite somme de..., aux droits du vendeur, et ce sous peine d'être, dans un mois, à défaut de cette justification, contraint au remboursement en entier de ladite somme de..., prêtée par ledit sieur H...

» A ce était présent et est intervenu le sieur I... lequel s'est déclaré et constitué, en son nom personnel, caution envers ledit sieur H... pour le sieur N..., de l'emploi de ladite somme prêtée par ledit sieur H..., et de la justification dudit emploi, et s'est obligé solidairement avec ledit sieur N..., à défaut de cet emploi, remettre audit sieur H..., ladite somme de... par lui prêtée, et en cas d'emploi ci-dessus mentionné, au paiement de ladite somme et des intérêts dus dans un an de ce jour.

Fait et signé double à... ce...

(Signatures.)

Du Dépôt.

Le *dépôt* est un acte par lequel on reçoit la chose d'autrui, à la charge de la garder et de la restituer en nature.

Le dépôt doit être prouvé par écrit. La preuve testimoniale n'en est point reçue pour valeur excédant cent cinquante francs. (*Code civil, article* 1923.)

Le dépôt ne peut avoir lieu qu'entre personnes capables de contracter.

Néanmoins, si une personne incapable de contracter accepte le dépôt fait par une personne incapable de contracter, elle est tenue de toutes les obligations d'un véritable dépositaire; elle peut être poursuivie par le tuteur ou administrateur de la personne qui a fait le dépôt.

Si le dépôt a été fait par une personne capable à une personne qui ne l'est pas, la personne qui a fait le dépôt n'a que l'action en revendication de la chose déposée, tant qu'elle existe dans la main du dépositaire, ou une action en restitution, jusqu'à concurrence de ce qui a tourné au profit de ce dernier. (*Code civil, art.* 1925, 1926.)

Le dépositaire doit apporter dans la garde de la chose déposée les mêmes soins qu'il apporte dans la garde des choses qui lui appartiennent.

Il doit rendre identiquement la chose même qu'il a reçue.

Ainsi le dépôt de sommes monnayées doit être rendu dans les mêmes espèces qu'il a été fait, soit dans le cas d'augmentation, soit dans le cas de diminution de leur valeur.

Le dépositaire ne doit restituer la chose déposée qu'à celui qui la lui a confiée, ou à celui au nom duquel le dépôt a été fait, ou à celui qui a été indiqué pour le recevoir.

Le dépôt doit être remis au déposant aussitôt qu'il le réclame, quand même le contrat aurait fixé un délai déterminé pour la restitution, à moins qu'il n'existe entre les mains du dépositaire une saisie-arrêt, ou une opposition à la restitution et au placement de la chose déposée.

Celui qui a fait le dépôt est obligé de rembourser au dépositaire les dépenses qu'il a faites pour la conservation de la chose déposée, et l'indemniser de toutes les pertes que le dépôt peut lui avoir occasionées.

Reconnaissance de dépôt de divers objets.

« Je soussigné N... reconnais par le présent que M. K... m'a remis en dépôt... (*désigner la chose*), pour lui être rendu à sa première réquisition.

A..., ce... »   (*Signature.*)

Reconnaissance de dépôt de marchandises.

« Je soussigné N... reconnais par le présent que M. L... m'a remis en dépôt... (*désigner les marchandises*), que je promets lui remettre, à sa réquisition ou à la personne fondée de pouvoirs de lui à cet effet, en tel état que je les ai reçues de lui; sauf le cas où, par événement imprévu ou force majeure, lesdites marchandises viendraient à périr. A... ce... »

                                     (*Signature.*)

Reconnaissance de dépôt d'argent.

« Je soussigné N... reconnais que M. M... m'a remis en dépôt la somme de... en.. (*nombre*) pièces d'or de chacune.. *(la valeur)*, en.. *(nombre)* pièces d'argent dont... *(nombre)* de la valeur de..., et... *(nombre)* de la valeur de..., le tout , renfermé dans un sac de *(désignation)* ; laquelle somme de... je promets et m'oblige , par le présent, lui remettre à sa volonté ou à son fondé de pouvoirs pour la recevoir , en tel nombre de pièces ci-dessus désignées que je les ai reçues. A..., ce... »   *(Signature.)*

Reconnaissance de dépôt en cas d'événement.

« Je soussigné reconnais que cejourd'hui... R..., forcé par... (*ou* incendie, *ou* inondation , *ou* écroulement de sa maison), de retirer de son domicile ses meubles et effets, a déposé dans ma maison les effets suivans.. *(les désigner)*, qui ont été placés *(indiquer les lieux)* ; lesquels meubles et effets je promets et m'engage lui remettre toutes les fois qu'il le requerra, sans aucune indemnité ni rétribution quelconque. A..., ce.. »

(Signature.)

Décharge de dépôt.

« Je soussigné reconnais que M. M... m'a remis cejourd'hui..., sur la demande que je lui en ai faite , les meubles et effets que j'avais déposés en sa maison le..., lesquels consistent en... *(Les désigner)*, et que j'ai trouvés en même état que je les avais déposés ; pourquoi je le tiens quitte et décharge dudit dépôt A..., ce... »   *(Signature.)*

Le *Séquestre* est le dépôt fait par une ou plusieurs personnes d'une chose contentieuse entre les mains d'un tiers qui s'oblige de la rendre , après la contestation terminée, à la personne qui sera jugée devoir l'obtenir.

Le séquestre peut avoir pour objet non-seulement des effets mobiliers, mais même des immeubles.

Le dépositaire chargé du séquestre ne peut s'en décharger avant la contestation terminées, que du consentement de toutes les parties intéressées, ou pour une cause jugée légitime.

Séquestre volontaire de marchandises.

« Entre nous soussignés N..., d'une part ;

» Et O..., d'autre part ;

» A été convenu de ce qui suit ; savoir :

» Que les marchandises.. *(leur désignation)* déposées maintenant... *(Lieu de leur dépôt)*, et qui sont la matière de la contestation qui existe entre nous, seront de notre consentement volontaire et réciproque, séquestrées dans les magasins du sieur P... où elles resteront jusqu'à ce que la contestation qui nous divise soit terminée, soit par arbitrage, soit par jugement du tribunal de..., sans qu'aucun de nous puisse retirer lesdites marchandises desdits magasins du sieur P..., si ce n'est d'après la décision des arbitres ou du jugement qui l'y autorisera, sous peine, de la part de celui de nous qui contreviendrait à la présente convention de... *(désigner la somme)* de dommages-intérêts envers l'autre.

» En outre, que les frais de transport desdites marchandises dans les magasins dudit sieur P..., ainsi que ceux de séquestre, seraient payés audit sieur P..., par celui contre lequel la décision arbitrale ou le jugement du tribunal de... aurait prononcé.

» A ce est intervenu le sieur P..., lequel a déclaré

consentir se charger du séquestre desdites marchandises, et se conformer à la présente convention.

» Fait et signé triple. A.., ce... »

(Signatures.)

Séquestre volontaire d'un cheval.

« Entre nous soussignés N.... d'une part ;

» Et Q..., d'autre part :

» A été convenu de ce qui suit ; savoir ,

» Que le cheval qui est l'objet de la contestation qui existe entre nous , lequel est maintenant dans l'écurie du sieur R..., sera mis en séquestre chez le sieur S..., où il restera jusqu'à ce que ladite contestation qui nous divise soit terminée ; qu'aucun de nous ne pourra le retirer dudit séquestre qu'après y avoir été autorisé par la décision des arbitres que nous choisirons, à peine de... dommages et intérêts envers l'autre ; que les frais de séquestre et de nourriture dudit cheval seront à la charge de celui contre qui les arbitres auront prononcé.

« Fait et signé double. A..., ce... »

(Signatures.)

Séquestre volontaire d'un immeuble.

» Entre nous soussignés N...., d'une part ;

» Et T..., d'autre part ;

» A été convenu de ce qui suit ; savoir :

» En attendant que le tribunal de... ait prononcé sur la contestation qui nous divise relativement à la maison... (désigner le lieu où est située la maison , et pourquoi la contestation relative à cette maison), de notre libre volonté et pour épargner des frais , nous

7..

nommons séquestre de ladite maison ledit sieur V..., lequel sera chargé de recevoir et garder en ses mains les loyers échus et à échoir, de payer les contributions de ladite maison, sans qu'aucun de nous puisse rien prétendre desdits loyers jusqu'à ce que le tribunal de... ait prononcé. Les frais du séquestre seront à la charge de celui contre lequel le tribunal de... aura prononcé.

» A ce est intervenu le sieur V.., lequel a déclaré accepter ledit séquestre, et a promis apporter tous ses soins à la conservation de ladite maison, en recevoir les loyers, en acquitter les impôts sur le produit desdits loyers, et conserver entre ses mains les fonds qui en proviendront, pour être remis, d'après le jugement du tribunal de..., à qui il appartiendra.

» Fait et signé triple. à..., ce...

(Signatures.)

CHAPITRE XI.

MANDAT OU PROCURATION.

—

De la Nature et de la Forme du Mandat.

Le mandat ou procuration est un acte par lequel une personne donne à une autre le pouvoir de faire quelque chose pour le mandant et en son nom. — Le contrat ne se forme que par l'acceptation du mandataire. (*Art. 1984. Cod. civ.*)

1985. Le mandat peut être donné ou par acte public, ou par écrit sous seing privé, même par lettre. Il peut aussi être donné verbalement ; mais la preuve testimoniale n'en est reçue que conformément au titre *des Contrats ou des Obligations conventionnelles en général.*

L'acceptation du mandat peut n'être que tacite, et résulter de l'exécution qui lui a été donnée par le mandataire.

1986. Le mandat est gratuit, s'il n'y a convention contraire.

1987. Il est ou spécial et pour une affaire ou certaines affaires seulement, ou général ou pour toutes les affaires du mandant.

1988. Le mandat conçu en termes généraux n'embrasse que les actes d'administration.

S'il s'agit d'aliéner ou hypothéquer, ou de quelque autre acte de propriété, le mandat doit être exprès.

1989. Le mandataire ne peut rien faire au-delà de ce qui est porté dans son mandat : le pouvoir de transiger ne renferme pas celui de compromettre.

1990. Les femmes et les mineurs émancipés peuvent être choisis pour mandataires ; mais le mandant n'a d'action contre le mandataire mineur que d'après les règles générales relatives aux obligations des mineurs, et contre la femme mariée et qui a accepté le mandat sans autorisation de son mari, que d'après les règles établies au titre *du Contrat de mariage et des Droits respectifs des époux.*

1991. Le mandataire est tenu d'accomplir le mandat tant qu'il en demeure chargé, et répond des dommages et intérêts qui pourraient résulter de son inexécution.

Il est tenu de même d'achever la chose commencée au décès du mandant, s'il y a péril en la demeure.

1992. Le mandataire répond non-seulement du dol ; mais encore des fautes qu'il commet dans sa gestion.

Néanmoins la responsabilité relative aux fautes est appliquée moins rigoureusement à celui dont le mandat est gratuit qu'à celui qui reçoit un salaire.

1993. Tout mandataire est tenu de rendre compte de sa gestion, et de faire raison au mandant de tout ce qu'il a reçu en vertu de sa procuration, quand même ce qu'il aurait reçu n'eût point été dû au mandant.

1994. Le mandataire répond de celui qu'il s'est substitué dans sa gestion, 1° quand il n'a pas reçu le pouvoir de se substituer quelqu'un ; 2° quand ce pouvoir lui a été conféré sans désignation d'une personne, et que celle dont il a fait choix était notoirement incapable ou insolvable.

Dans tous les cas, le mandant peut agir directement contre la personne que le mandataire s'est substituée.

1995. Quand il y a plusieurs fondés de pouvoir ou mandataires établis par le même acte : il n'y a de solidarité entre eux qu'autant qu'elle est exprimée.

1996. Le mandataire doit l'intérêt des sommes qu'il a employées à son usage, à dater de cet emploi ; et de celles dont il est reliquataire, à compter du jour qu'il est mis en demeure.

1997. Le mandataire qui a donné à la partie avec laquelle il contracte en cette qualité, une suffisante connaissance de ses pouvoirs, n'est tenu d'aucune garantie pour ce qui a été fait au-delà, s'il ne s'y est personnellement soumis.

1998. Le mandant est tenu d'exécuter les engagemens contractés par le mandataire, conformément au pouvoir qui lui a été donné.

Il n'est tenu de ce qui a pu être fait au-delà, qu'autant qu'il l'a ratifié expressément ou tacitement.

1999. Le mandant doit rembourser au mandataire les avances et frais que celui-ci a faits pour l'exécution du mandat, et de lui payer ses salaires lorsqu'il en a été promis.

S'il n'y a aucune faute imputable au mandataire, le mandant ne peut se dispenser de faire ces remboursements et paiements, lors même que l'affaire n'aurait pas réussi, ni faire réduire le montant des frais et avances, sous le prétexte qu'ils pouvaient être moindres.

2000. Le mandant doit aussi indemniser le mandataire des pertes que celui-ci a essuyées à l'occasion de sa gestion, sans imprudence qui lui soit imputable.

2001. L'intérêt des avances faites par le mandataire lui est dû par le mandant, à dater du jour des avances constatées.

2002. Lorsque le mandataire a été constitué par plusieurs personnes pour une affaire commune, chacune d'elles est tenue solidairement envers lui de tous les effets du mandat.

2003. Le mandat finit,

Par la révocation du mandataire,

Par la renonciation de celui-ci au mandat.

Par la mort naturelle ou civile, l'interdiction ou la déconfiture, soit du mandant, soit du mandataire.

2004. Le mandant peut révoquer sa procuration quand bon lui semble, et contraindre, s'il y a lieu, le mandataire à lui remettre, soit l'écrit sous seing privé qui la contient, soit l'original de la procuration, si elle a été délivrée en brevet, soit l'expédition, s'il en a été gardé minute.

2005. La révocation notifiée au seul mandataire ne peut être imposée aux tiers qui ont traité dans l'ignorance de cette révocation, sauf au mandant son recours contre le mandataire.

2006. La constitution d'un nouveau mandataire pour la même affaire vaut révocation du premier, à compter du jour où elle a été notifiée à celui-ci.

2007. Le mandataire peut renoncer au mandat, en notifiant au mandant sa renonciation.

Néanmoins, si cette renonciation préjudicie au mandant, il devra en être indemnisé par le mandataire, à moins que celui-ci ne se trouve dans l'impossibilité de continuer le mandat sans en éprouver lui-même un préjudice considérable.

2008. Si le mandataire ignore la mort du mandant, ou l'une des autres causes qui font cesser le mandat, ce qu'il a fait dans cette ignorance est valide.

2009. Dans les cas ci-dessus, les engagemens du mandataire sont exécutés à l'égard des tiers qui sont de bonne foi.

2010. En cas de mort du mandataire, ses héritiers doivent en donner avis au mandant, et pourvoir, en attendant, à ce que les circonstances exigent pour l'intérêt de celui-ci.

Pouvoir pour comparaître en Conciliation.

53. *Cod. de P. civ.* Les parties comparaîtront en personne ; en cas d'empêchement, par un fondé de pouvoir.

Je soussigné..., domicilié à..., donne pouvoir au sieur... *(profession et demeure)* de, pour moi et en mon nom, se présenter le..., devant M. le juge de paix d..., au lieu ordinaire de ses audiences, en bureau de conciliation, sur l'action qui m'a été intentée, par le sieur..., (ou que j'ai intentée au sieur...), par exploit du ministère d..., en date du..., pour se concilier, si faire se peut ; à cet effet, accorder délais, recevoir, donner quittance, traiter, composer, compromettre, t ans ger, passer et signer tous actes, faire tous dires, soutiens, réserves et protestations que les circonstances exigeront ; à défaut de conciliation, demander le renvoi devant les juges compétens, requérir par suite les actes nécessaires pour continuer ladite action, en suivre les fins, constituer avoués, élire avocats : enfin faire tout ce qui sera utile dans mes intérêts.

Donné à..., le..., an...

Pouvoir pour comparaître devant le juge de paix.

9. *Code de Proc.* Au jour fixé par la citation, ou convenu entre les parties, elles comparaîtront en personne ou par leurs fondés de pouvoir, sans qu'elles puissent faire signifier aucune défense.

13. Les parties ou leurs fondés de pouvoir seront entendus contradictoirement. La cause sera jugée sur-le-champ, ou à la première audience ; le juge, s'il le croit nécessaire, se fera remettre les pièces.

Je soussigné..., domicilié à..., donne pouvoir à M.... (profession et demeure), de, pour moi et en mon nom, se présenter à l'audience de la justice de paix de..., sur l'action qui sera intentée à ma requête contre le sieur ..., demeurant à ..., aux fins d'obtenir le paiement de la somme de ... fr., pour, (expliquer les causes de la demande). En conséquence, conclure, plaider, fournir tous moyens valables, accorder délais, recevoir, donner quittance, composer, transiger, passer et signer tous actes, obtenir jugement, le faire expédier et mettre à exécution, former toutes saisies arrêts et opposition, faire procéder à toutes saisies mobilières, consentir et donner main-levée entière et définitive; élire domicile, appeler de tout jugement, y acquiescer, constituer avoués et avocats, les révoquer, comparaître à toutes assemblées de créanciers, promettant entière adhésion et agréant à l'avance ce qui sera fait.

Donné à..., le..., au...

(Signature du mandant.)

Nota. Si le mandant n'écrit pas lui-même le pouvoir, il met à la suite, lu et approuvé, avant d'apposer sa signature.

Il faut avoir soin d'indiquer la personne à laquelle le pouvoir est donné, et ne pas le donner en blanc, parce qu'on pourrait en abuser.

Pouvoir à donner à un huissier ou à un garde du commerce, pour mettre à exécution la Contrainte par corps.

556. La remise de l'acte ou du jugement à l'huissier vaudra pouvoir pour toutes exécutions autres que la saisie immobilière et l'emprisonnement, pour lesquels il sera besoin d'un pouvoir spécial. (*C. de p. c.*)

Je soussigné..., domicilié à..., donne, par le présent, plein et entier pouvoir à M....,

De poursuivre, et en mon nom, mettre à exécution par la voie de la contrainte par corps le jugement que j'ai obtenu contre le sieur..., demeurant à..., devant le tribunal de commerce d..., le..., duement expédié, enregistré en forme; en conséquence, capturer, empri-

sonner, écrouer ou recommander ce débiteur dans toutes prisons où besoin sera, consigner des alimens et faire
toutes avances nécessaires, recevoir tout ou partie de
ce que doit ce débiteur, lui en donner quittance, et
généralement faire ce qui sera utile pour obtenir le
recouvrement de ce qui m'est dû par le sieur..., en
principal, intérets et frais, promettant l'avouer et avoir
pour agréable.

Fait et donné à..., le... an...,

Nota. Faire légaliser la signature si le pouvoir est
envoyé et que le mandant réside hors le département
où les poursuites se dirigent.

Pouvoir pour se faire représenter à une faillite.

502. Tous les créanciers du failli seront avertis, à
cet effet, par les papiers publics et par lettres des syndics, de se présenter, dans le délai de quarante jours,
par eux ou par leurs fondés de pouvoir, aux syndics
de la faillite ; de leur déclarer à quel titre et pour
quelle somme ils sont créanciers, et de leur remettre
leurs titres de créance, ou de les déposer au greffe
du tribunal de commerce. Il leur en sera donné récépissé   (*Code de comm.*)

503. La vérification des créances sera faite contradictoirement entre le créancier ou son fondé de pouvoir
et les syndics, et en présence du juge-commissaire,
qui en dressera procès-verbal. Cette opération aura
lieu dans les quinze jours qui suivront le délai fixé
par l'article précédent.

Je soussigné..., donne pouvoir à M.... de, pour
moi et en mon nom, me représenter à la faillite du
sieur.., débiteur de la somme de...;

En conséquence, requérir toutes oppositions, reconnaissance, et levée de scellés; procéder à tous inventaires et récolemens; faire en procédant tous dires, réquisitions et réserves; concourir à la formation de la liste de présentation de candidats pour le syndicat provisoire; faire révoquer, s'il y a lieu, les syndics nommés; faire vérifier ma créance, en affirmer la sincérité, comme je l'affirme par ce présent pouvoir; comme aussi que je ne prête mon nom ni directement ni indirectement à qui que ce soit; vérifier, admettre ou rejeter tous titres produits par les autres créanciers, en constater la validité, se faire rendre compte de l'état de ladite faillite, prendre part à toutes les délibérations de créanciers, consentir toutes remises, accorder termes et délais; traiter, transiger, composer, à cet effet signer tous actes, tous concordats ou arrangemens particuliers, d'y opposer même par les voies extraordinaires; former tous contrats d'union à la majorité, nommer tous les syndics définitifs, caissier et gérant, les révoquer s'il y a lieu, et en nommer d'autres; remettre ou retirer tous titres et pièces; toucher tout dividende, en donner quittance, passer et signer tous actes, élire domicile, changer les élections, substituer, et généralement faire ce qui sera nécessaire, quoique non prévu en cas présent, promettant l'avouer.

Fait, etc.

Procuration pour recevoir des Arrérages de Rentes, etc.

Je soussigné (*noms, prénoms, profession et domicile*), donne pouvoir à (*ibid.*) que je constitue mon procureur général et spécial, de, pour moi et en mon nom, recevoir les arrérages de la rente de... fr. payable le.. de chaque année, qui a été constituée à mon profit par le sieur F..., qui en est le débiteur, par acte passé devant M°..., notaire à..., le... (*ou suivant acte sous seing privé*), fait double le..., enregistré à..., le..., par M.... receveur qui a reçu... fr.; en conséquence toucher lesdits arrérages échus et à échoir, en donner quittance; à défaut de paiement faire diriger toutes poursuites, le traduire en justice devant tous tribunaux, obtenir jugement, requérir expédition, plaider, élire domicile, faire conduire toutes saisies-arrêts et oppositions, saisies mobilières, en donner main-levée, constituer avoués et avocats, les renvoyer, en constituer d'autres, opposer, appeler, transiger, et faire enfin ce que je ferais moi-même, promettant d'agréer tout ce qu'il pourra faire pour le recouvrement de ma créance.

Donné à..., le..., an...

Autre Formule pour faire reconnaître une Rente et passer titre-nouvel.

(*Même intitulé que la précédente*) se présenter devant tel notaire qu'il lui plaira de choisir, aux fins d'y faire reconnaître une rente de la somme de fr... à l'échéance du... de chaque année, due par... à mon profit (*ou envers...*): le tout conformément au titre constitutif d'icelle rente passé devant M° ..., notaire à..., le ...; à cet effet faire passer titre-nouvel et reconnaissance et faire payer tous arrérages dus, et généralement faire tout ce que la circonstance nécessite; requérir défaut de non comparution, continuer les poursuites pour obtenir jugement à l'effet d'obtenir ledit titre-nouvel, louant, approuvant, agréant et ratifiant tout ce que ledit procureur constitué fera en notre nom, fût-il

question de chose non exprimée en la présente. Donné
à..., le..., an...

Autre Formule pour faire rendre compte à un Tuteur

(*Même intitulé que la précédente*) pour faire rendre
compte à M.., demeurant à.., mon tuteur, à l'amiable
si faire se peut, si non en justice, suivre les formalités
que la loi indique aux fins de sa gestion et administration qu'il a eues des biens de la succession de... (*mon
père ou autres parens*), débattre s'il y a lieu ledit
compte et l'arrêter, recevoir ce qui sera dû, en donner
quittance et décharge valable, passer et signer tous
actes; à défaut de reddition de compte et du paiement
du reliquat, faire exercer toutes poursuites que la loi
autorise, pour y contraindre mon tuteur, promettant
avoir le tout pour agréable.

Donné à..., le..., an...

FIN.

TABLE

DES MATIÈRES,

PAR ORDRE ALPHABÉTIQUE.

Billets à ordre. — *Voyez* Lettres de change.

Dénonciations (modèle de), 228

Dispositions préliminaires , 1.

Echange (de l'), ce qui y a rapport , 104 et suiv.

Enregistrement (de l' et du timbre), ce qui y a rapport , 25 et suiv.

Etat civil. — De la minorité , etc. 65

Formalités pour vente d'immeubles , 95. — Tradition, etc., 97 et suiv.

Lettres de change et Billets à ordre ; ce qui les concerne , 188 et suiv.

Louage (actes de), différentes espèces de baux, 110 et suiv.

Mandat ou procuration. — Ce qui les concerne , 154 et suiv.

Obligations. — Consentement, capacité, objet, etc. 2 et suiv.

titions. — Formules de pétitions, demandes et mémoires, 213 et suiv.

Prêt (du); ce qui le concerne, 143 et suiv. — Du dépôt, 149. — Séquestre volontaire, 151.

Procurations. — *Voyez* Mandat.

Quittance, décharge, reçus, récépissés, 173 et suiv

Société. — Actes de... et ce qui y a rapport, 197 et suiv.

Succession (de la) et des actes auxquels elle donne lieu, 52.

Testament (du) et de ce qui y a rapport, 60, et suiv.

Tutelle. — Ce qui la concerne, 46 et suiv.

Vente. — Sa nature, sa forme, tout ce qui y a rapport, 73 et suiv

LIMOGES ET ISLE
Imprimerie Ardant Frères.